Kohlhammer

Kristian Fechtner

Mild religiös

Erkundungen spätmoderner Frömmigkeit

Verlag W. Kohlhammer

1. Auflage 2023

Alle Rechte vorbehalten
© W. Kohlhammer GmbH, Stuttgart
Gesamtherstellung: W. Kohlhammer GmbH, Heßbrühlstr. 69, 70565 Stuttgart
produktsicherheit@kohlhammer.de

Print:
ISBN 978-3-17-040054-2

E-Book-Format:
pdf: ISBN 978-3-17-040055-9

Für den Inhalt abgedruckter oder verlinkter Websites ist ausschließlich der jeweilige Betreiber verantwortlich. Die W. Kohlhammer GmbH hat keinen Einfluss auf die verknüpften Seiten und übernimmt hierfür keinerlei Haftung.

Dieses Werk einschließlich aller seiner Teile ist urheberrechtlich geschützt. Jede Verwendung außerhalb der engen Grenzen des Urheberrechts ist ohne Zustimmung des Verlags unzulässig und strafbar. Das gilt insbesondere für Vervielfältigungen, Übersetzungen, Mikroverfilmungen und für die Einspeicherung und Verarbeitung in elektronischen Systemen.

Inhalt

Vorwort 7

I. Einstimmung
   Spurensuche im Feld des unauffälligen Christentums 9
1. Vignetten des Religiösen – eine Szenenfolge 9
   „Damit nichts passiert" 9
   „Das hat was" 10
   „Weil es nicht immer so weitergeht" 12
   „Klingt wie Advent" 13
   „Was man hat" 14
   „Richtig leben" 15
   „Wer weiß" 17
2. Zugangsweise und Perspektive 19
3. Erkundungsfelder und ihre Erschließung 24

II. Grundlegung
    Zur Wahrnehmung spätmoderner Frömmigkeit 27
1. Grundlinien und Fluchtpunkte
   der praktisch-theologischen Diskussion 27
   (1) Traditionsfrömmigkeit 30
   (2) Spätmoderne Spiritualität 32
   (3) Volksfrömmigkeit / Populare Religiosität 34
2. Beten als Paradigma von Frömmigkeit 38
   (1) Der lebensgeschichtliche Nachklang des Betens 38
   (2) Die Praxis gegenwärtigen Betens: empirische Einsichten ... 41
   (3) Wie Beten entsteht 44
   (4) Beten als soziale Kommunikation und religiöse Handlung . 47
3. Leitbegriffe zum Verständnis von Frömmigkeit 52
   (1) Frömmigkeit als Selbstformung 52
   (2) Frömmigkeit als Resonanzgeschehen 55
   (3) Frömmigkeit als Ensemble von Praktiken 58

III. Erkundungen
Phänomene und Gestalten gegenwärtiger Frömmigkeit.... 63
1. Die Gegenständlichkeit des Religiösen 63
   (1) Engelfiguren 65
   (2) Kerzen 72
   (3) Unfallkreuze 80
2. Zeiten und Orte gegenwärtiger Frömmigkeit 85
   (1) Frömmigkeit im Horizont des Kirchenjahres 88
   (2) Weihnachtsfrömmigkeit 91
   (3) Frömmigkeit im österlichen Horizont 98
   (4) Auszeiten und Andersorte 105
3. Die Frömmigkeit des Körpers 115
   (1) Pilgern 117
   (2) Fasten 125
   (3) Yoga 131
4. Der Klang des Religiösen 140
   (1) Die Religiosität des Musikhörens:
       Publikumsfrömmigkeit 142
   (2) Die Stimme als Organ der Frömmigkeit 147

IV. Praktisch-theologische Perspektiven:
Kirchliches Handeln im ungesicherten Gelände 153

1. Spätmoderne Religiosität als Resonanzraum kirchlicher Praxis. 153
2. Kirchliches Handeln als Frömmigkeitspflege 160

Anmerkungen 165

Vorwort

Die Fragen, die dem vorliegenden Buch zugrunde liegen, beschäftigen mich praktisch-theologisch und persönlich seit geraumer Zeit: Wie wird heute Religiosität gelebt von Menschen, die sich selbst nicht als fromm bezeichnen würden? In welchen Praktiken gewinnt eine moderate Frömmigkeit von Zeitgenossinnen und Zeitgenossen, die hier als mild religiös verstanden werden, ihre Gestalt? Welche Konturen hat ein lebensweltlich eher unscheinbares Christentum? Gewiss, es gibt auch Menschen, die ihr Christsein intensiv und alltagsnah leben: morgendliche Bibellese, vor dem Essen Tischgebet, stille Zeiten, Sonntagskirchgang, Passionszeit und österliche Freude, Herzensgebet und Beichte. Was aber, wenn man nicht zum kleinen Kreis der Hochreligiösen und traditional Eingeübten gehört? Wenn nach persönlicher Frömmigkeit gefragt wird, stellt sich dann nicht selten Verlegenheit ein. Naja, so exponiert eben nicht. Dies gilt häufig auch für Pfarrerinnen und Pfarrer. Der Begriff der Frömmigkeit wird weithin traditionsbestimmt gefasst und ist normativ aufgeladen. Die Erkundungen des Buches gehen einen anderen Weg. Sie hegen Sympathie für sporadische, anlassbezogene und beiläufige Formen gelebter Religion. So, wie sie eben von den Leuten praktiziert wird. Die verschiedenen hier thematisierten Praktiken und Phänomene sind verbreiteter und bedeutsamer, als es auf den ersten Blick erscheinen mag. Insofern verstehen sich die Erkundungen als Bausteine zu einer in religiösen Dingen weitherzigen Praktischen Theologie.

Viele Menschen haben dazu beigetragen, dass das Buch entstanden ist und nun fertiggestellt wurde. Mit Pfarrerinnen und Pfarrern habe ich in Pastoralkollegs und nach Vorträgen, mit Kolleginnen und Kollegen in Sozietäten und auf Tagungen Beobachtungen ausgetauscht und diskutiert. Auch mit Freundinnen und Freunden, die manche Überlegungen und Passagen im Vorfeld kritisch kommentiert und mit mir weitergedacht haben. Etliche haben eigene Erfahrungen mitgeteilt, die in die Szenen des Buches eingegangen sind. Ihnen allen sei herzlich gedankt. Ebenso Sonja Beckmayer, die das Manuskript durchgesehen, und Carolin Sonntag, die es Korrektur gelesen hat. Mein Dank gilt Sebastian Weigert vom Kohlhammer Verlag, der geduldig die Fertigstellung erwartet und befördert hat. Und dankbar bin ich Sabine Bäuerle, von der ich in Sachen Religiosität etliches gelernt habe.

I. Einstimmung
Spurensuche im Feld des unauffälligen Christentums

Zeitgenossinnen und Zeitgenossen fangen auf eigene Weise etwas mit Religion an. Sich darauf einen Reim zu machen, ist das Anliegen der folgenden Beobachtungen und Erwägungen. Sie versuchen unterschiedliche Facetten von Religiosität zu erkunden, die sich in der Lebenswelt der Spätmoderne hierzulande auffinden lassen. Was entdeckt der Praktische Theologe, wenn er einen Schritt aus der kirchlichen Praxis heraustritt in das weitere Feld eines subjektiv gelebten, nicht selten *unauffälligen Christentums*? Einen ersten Zugang bilden sieben kleine Szenen aus dem praktisch-theologischen Tagebuch. Sie sollen – noch vor allen begrifflichen Bestimmungen – exemplarisch umreißen, um welche Phänomene es gehen und in welcher Weise Religiosität in den Blick kommen soll. Den Ansatzpunkt bilden situative Begebenheiten, persönliche Verhaltensweisen und beiläufige Äußerungen, die – so die Vermutung – als *Versatzstücke lebensweltlicher Religiosität* gelesen werden können.

1. Vignetten des Religiösen – eine Szenenfolge

„Damit nichts passiert"

> Als kleines Willkommensgeschenk hat die neue Tagesmutter, Jennifer, die künftig den Sohn an drei Nachmittagen betreuen wird, von den Eltern des Dreijährigen einen silbernen Schlüssel-

anhänger erhalten: eine kleine Engelfigur mit Flügeln. Alexander, der Vater des Jungen, war skeptisch – man wisse doch gar nicht, ob die junge Frau „etwas mit Religion am Hut" habe. Seine Frau Melanie jedoch lässt sich nicht beirren: „Sie weiß schon, wie es gemeint ist." Und: „Schaden kann es jedenfalls nicht." Die Kinderfrau nimmt das Geschenk entgegen – „wie schön" – und überspielt eine leichte Verlegenheit: „Das ist doch nicht nötig." Wer weiß. Fortan trägt die junge Frau den Engelanhänger am Schlüsselbund, mit dem der Kleine gelegentlich spielen darf, wenn sie zu Hause unter sich sind.

Engel sind religiöse Sinnzeichen der christlichen Religion, die heute weit über den kirchlichen Bereich hinaus präsent sind. Als Gegenstand am Schlüsselbund oszilliert die *Engelfigur* zwischen einem Schmuckstück und einem Amulett, sie kann als schön und/oder nützlich empfunden werden: „Schaden kann es jedenfalls nicht." Ihre individuelle Bedeutung gewinnt sie als persönliches Geschenk, mithin als Gabe. Offenbar kann eine solche Figur auch dann verschenkt werden, wenn gar nicht vorausgesetzt werden kann, dass die Beschenkte dezidiert „engelgläubig" ist. Denn auch wenn die andere nicht selbst erklärtermaßen religiös ist, vermag sie den Sinn zu teilen, für den der Engel steht und der sich mit ihm verbindet. Sie weiß nämlich, was mit der Figur gemeint ist: Eine persönliche Fürsorge-Beziehung, die für die Erfahrung steht, behütet zu sein. Die Engelfigur ist Versprechen und Unterpfand dafür, dass der elterliche Schutz auch für die Beziehung der Tagesmutter zu ihrem Schützling gilt.

„Das hat was"

Einmal im Jahr verbringt Melanie, die Mutter des Jungen, ein Wochenende mit ihren beiden Freundinnen, sie kennen sich schon seit der Schulzeit. „Ihr" Wochenende ist für alle drei eine Institution, die schon ein Jahr im Voraus in den Kalendern steht.

Vignetten des Religiösen – eine Szenenfolge

„Dieses Wochenende ist mir heilig", hat eine der Freundinnen bekundet, als es einmal ausfallen sollte. Auszeit, immer fährt man zusammen weg, gerne zu einer Stadttour. Kultur und Geselligkeit: halb und halb. Meist gehört auch ein Blick in eine Kathedrale oder einen Dom dazu. Dieses Jahr feiern sie ihr Zehnjähriges, da soll es ein besonderes Erlebnis sein. Wieder mal zurück in die Heimatstadt, als biographische Rückreise? „Ach nöh." Wien mit Besuch im Burgtheater? „Warum nicht." Es geht hin und her. „Wie wäre es, wenn wir unsere Tour dieses Mal verlängern auf eine Woche?", fragt die Dritte und überrascht die Freundinnen mit dem Vorschlag: „Und dann pilgern wir gemeinsam den Hildegard-Weg". Pilgern? „So richtig mit Wandern, Beten und Herbergen?" Ja, warum nicht. „Da kann man ja schauen und es so arrangieren, wie es für uns passt." Je länger sie es sich ausmalen, umso mehr erwärmen sie sich für die Idee: „Das hat was". Und so machen sie's.

Als Wallfahrt eine alte religiöse und christliche Praxis gehört das *Pilgern* heute in den Bereich der Freizeitaktivitäten, in denen man für eine fest umrissene Zeit aus dem Alltag heraustritt. Als Auszeit verheißt die Praxis des Pilgerns eine besondere Erfahrung, in der sich sportliche, touristische und spirituelle Momente miteinander verknüpfen (lassen), die man selbständig arrangieren kann. In dieser Weise korrespondiert und konkurriert das Pilgern mit anderen kulturellen, sozialen und religiösen Aktivitäten: mit Ausflügen, Städtetouren, Kirchenbesuchen, Wellnesswochenenden, Wanderungen, persönlichen Erinnerungsreisen etc. Ausdrücklich als Pilgerweg wird die Wegstrecke, die gegangen wird, christentumsgeschichtlich authentifiziert und autorisiert: hier als Hildegard-von-Bingen-Weg, andernorts als Jakobs- oder neuerdings auch als Luther-Weg. Sich zum Pilgern aufzumachen, geschieht in dieser Szene gemeinschaftlich; das Pilgern wird zum Ausdruck und erscheint als Wegstrecke einer Freundinnenschaft, die durch das gemeinsame Erlebnis gefeiert und bekräftigt werden soll und die durch die gemeinschaftliche Pilgererfahrung noch einmal eine andere Dimension und womöglich Verbundenheit erhält.

„Weil es nicht immer so weitergeht"

Der Bruder der Mutter hingegen, Daniel, hat es mit Wandern und Natur nicht so, Pilgern wäre nicht seine Sache. Vor einigen Jahren hat es ihn gesundheitlich aus der Kurve getragen; beruflich und persönlich war der schwere Bandscheibenvorfall ein regelrechter Einschnitt in seinem Leben. Mit Anfang vierzig musste er, der bis dahin immer geradeaus und ohne Rücksicht auf eigene körperliche Belastungen leben konnte, sich neu auf den Weg bringen und sich in Selbstsorge einüben: Was geht und geht nicht, was heilt und stärkt, wie lebe ich mit Grenzen und auch mit Schmerzen? Er hat sein Leben verändert und etliches ausprobiert: Schulmedizin und alternative Heilwege, Krankengymnastik und schließlich auch Yoga. Letzteres eher zufällig und mit deutlichen Vorbehalten: Bewegung ja, Meditation eher nicht. Und dann ist er – nicht nur die Schwester ist erstaunt – ausgerechnet beim Yoga geblieben, gerade deshalb, weil es dabei um „Leib und Seele" geht. Mittlerweile, dies ist der Pandemie geschuldet und er hat es beibehalten, schaltet er sich jeden Morgen digital in seinen Kurs. „Es ist für mich irgendwie auch eine geistliche Übung", sagt er. Dazu gehört auch, dass er für sich einen Leitsatz gefunden hat, den er als inneres Wort regelmäßig aktiviert. Mantra würde er es nicht nennen, aber es macht ihn ruhig.

Die eigene Körperlichkeit wird biographisch zum Thema und zur Herausforderung, wo sie – durch gesundheitliche Beeinträchtigungen oder Alter – ein „Immer-so-Weiter" nicht mehr zulässt. Die persönliche körperliche Verfassung, „was geht nicht mehr?", setzt in einem solchen (Vor-)Fall persönliche Grenzen, mit denen Menschen umgehen müssen. Die lebensgeschichtliche Wende, die dazu führt, Lebensgewohnheiten zu verändern, hat einen Anlass und einen Kontext, sie geschieht im Modus des Ausprobierens. In einem spätmodern geweiteten Verständnis von Medizin und Gesundheit, das auf den Zusammenhang von Leib und Seele abhebt, kann dabei auch *Yoga* als Selbstsorgehandeln aufgegriffen und als ein Heilweg (nicht unbedingt: als Heilsweg) praktiziert werden. In diesem Sinne kann Yoga dann auch als eine spirituelle Praxis verstanden werden („geistliche Übung"), die sich mit einer bestimmten Lebenshaltung („innere Ruhe") verbinden kann.

„Klingt wie Advent"

> Seinem Schwager Alexander, dem Vater des Dreijährigen, ist das schon viel zu esoterisch. Religion gehört für ihn in die Kirche, die er selbst allerdings nur selten besucht. Dafür hat und pflegt er jedoch das eine oder andere „Privatritual", wie er es nennt. Immer am Samstag vor dem ersten Advent kauft er einen Kranz auf dem Markt; nur grüne Zweige, damit er ihn – immer mit roten Kerzen und dem wenigen Zierrat, den er von seiner Mutter geerbt hat – abends selbst zu einem Adventskranz schmücken kann. Dazwischen geht er, dies gehört für ihn seit einigen Jahren dazu, zum großen Stadtgeläut, bei dem alle Kirchenglocken in der Innenstadt läuten. Als er dies zum ersten Mal eher zufällig miterlebt hat, ist ihm der Klang durch und durch gegangen. Nicht einfach laut, sondern mächtig war es. „Als wenn alles, was ist – die Häuser, die Menschen, mein Adventskranz in meiner Hand und ich – in Schwingung versetzt würden; sich der Klang mit uns aufschwingt. Oder so ähnlich", setzt er etwas verlegen hinzu. Mittlerweile hat der Ablauf fast etwas Zwängliches; Kranz, Klang, Kerzen, immer in der Reihenfolge, jedes Jahr Advent. Für ihn ist es eine Gewohnheit, die ihm wichtig ist, und eine Art Schwellenritus, der etwas eröffnet: Jetzt beginnt (vor)weihnachtliche Zeit, „Kerzen- und Glockenzeit", sagt er. Nächstes Jahr will er seinen Sohn mitnehmen.

Die Adventszeit ist heute eine der kirchlich und kulturell signifikanten Zeiten des Kirchenjahres, die weithin als (vor)weihnachtliche Zeit wahrgenommen und – stärker als andere Zeiten des kirchlichen Jahres – im familiären Leben und der Privatsphäre begangen wird. Hier spielen „Privatrituale" eine besondere Rolle, die sich als Gewohnheit eingelebt haben. Sie werden – wie der Erwerb und das Schmücken des *Adventskranzes* oder die Teilhabe am *Adventsläuten* – individuell praktiziert, bewegen sich aber in einem religionskulturellen Horizont, der institutionalisiert und konventionalisiert ist: Zum Interieur der traditionellen Adventsfrömmigkeit gehören Kranz und Kerzen; das regelmäßige Läuten der Kirchenglocken ist das akustische Zeichen des Christentums schlechthin. Die Kraft des adventlichen Privatrituals speist sich aus der Wiederholung. Und ebenso daraus, dass im rituellen Arrangement der Übergang in eine andere Zeit, mithin der Rhythmus des Lebens, aktivisch-passivisch zugleich gestaltet wie auch erlebt wird: Es bleibt, wie es (immer) war, weil es ist, wie es aufs Neue wird.

„Was man hat"

> Die Mutter von Alexanders Frau ist eine evangelische Kirchenchristin; Beate geht zur Kirche, so wie man üblicherweise zur Kirche geht. Heiligabend natürlich; Gründonnerstag oder Karfreitag, mal so, mal so. Zu Erntedank mit den Enkeln und meist auch am Totensonntag. In ihrem Alter ist immer jemand im vergangenen Jahr verstorben. Zum Weltgebetstag geht sie auch mal oder wenn was Besonderes ist. Zu Taufen, Konfirmationen, Trauungen im Familienkreis sowieso. Naja und zu Trauerfeiern eben. Mit der Bibel ist sie durch die Gottesdienste vertraut und aus ihrer Kinderzeit. Zuhause hat sie zwei Bibelbücher stehen, darunter auch die Familienbibel. Gut verwahrt und so gut wie nie gelesen. Als Lektüre käme ihr die Bibel gar nicht in den Sinn; sie ist prinzipiell keine große Leserin. Die Male, die sie das Bibel-

buch in die Hand genommen hat, lassen sich an einer Hand abzählen: Als sie mit ihrem Mann damals einen Taufspruch für ihre Tochter Melanie suchen sollte, da haben sie darin geblättert. Ein- oder zweimal hat sie zu Weihnachten die Geburtsgeschichte daraus vorgelesen: „Es begab sich aber zu der Zeit ..." Und ja: Als ihr Vater gestorben ist, da hat sie, als sie von der Beerdigung nach Hause kam, den Psalm 23 aufgeschlagen. Nur so für sich, davon haben die anderen gar nichts mitbekommen. Bevor sie im nächsten Monat ins Altenheim umzieht, wird sie ihren Hausstand weitgehend auflösen müssen. Die Bücher sind fast alle schon weg. Die beiden Bibeln aber kommen selbstverständlich mit.

(Mindestens) ein *Bibelbuch* zu besitzen, gehört zu den Merkmalen evangelischer Christinnen und Christen; eigene Bibelbücher sind nahezu unveräußerlich und ziehen, wenn irgend möglich, auch mit um. Dabei hat die Bibel als Text ihren Sitz jedoch vorrangig im gottesdienstlichen Leben, als Speicher überlieferter und zu lesender Texte ist sie ein kirchlicher Gegenstand. Dies ist sie im häuslichen Kontext nur in besonderen Situationen, die kasuellen Charakter haben. Als privatreligiöser Gegenstand ist der Grundmodus, der die Bibel bedeutsam macht, nicht das Gelesen-Werden, sondern das Vorhanden-Sein. Wenn in ihr ausnahmsweise gelesen wird, dann im Sinne einer Hermeneutik der Vergewisserung. So bürgt das Bibelbuch als „Einrichtungsgegenstand" der häuslichen Welt in unmittelbarer Reichweite für Tradition und Herkunft (auch der eigenen Lebensgeschichte) und ist Unterpfand für eine Zugehörigkeit, die bleibt.

„Richtig leben"

Anna-Lena, die Tochter der Nachbarsfamilie, hat im vergangenen Jahr ihr Abitur bestanden; nun macht sie, zusammen mit ihrer Freundin, ein freiwilliges ökologisches Jahr auf einer Nordsee-Insel. Klima, Natur, Zusammenleben, das sind ihre Themen. „Wir sind doch ein Teil von allem", sagt sie; und ihre Freundin ergänzt: „und wir sollten so leben, dass es Zukunft gibt". Die Freundin isst konsequent vegetarisch – hat sie schon als Konfi gemacht –, Anna-Lena als Flexitarierin gelegentlich auch Fleisch. „Aber nur, wenn ich will und weiß, wo es herkommt." Kleidung am liebsten second-hand und der Umzug auf die Insel erfolgt mit der Bahn und zwei Rucksäcken. „Ich brauche kein Auto, nur Zeit", ist ihr etwas pathetisch klingendes Credo. Aber sie meint es so. Für die Eltern, in den 1970ern sozialisiert, erinnert es an „Haben oder Sein", Erich Fromms populäre Losung aus ihrer eigenen Studizeit. Sie begegnen den beiden jungen Leuten mit einer Mischung aus Elternstolz und schlechtem Gewissen. „Ich finde es gut, auf was ihr alles verzichten wollt und könnt", sagt die Mutter zu ihrer Neunzehnjährigen. Für diese jedoch macht es gerade andersherum Sinn: „Also verzichten würde ich das nicht nennen; ich bin einfach froh, dass ich nicht so viel brauche."

Der ökologisch orientierte *Lebensstil* ist ein persönlich gewählter biographischer Entwurf, der sich – mehr noch als in Überzeugungen, die allerdings auch dazugehören – in einer bestimmten Lebensführung ausdrückt. Mit Ernährung, Kleidung, Besitz und Mobilität stehen Aspekte im Fokus, die in der Spätmoderne von besonderer Bedeutung erscheinen. Durch den Dual von Brauchen / Nicht-Brauchen wird die Frage „Was kann ich mir leisten?" verschoben zur Frage „Wie will ich leben?". Anders zu leben als gängige Verhaltensweisen (der Mehrheitsgesellschaft) nahelegen, qualifiziert Wohlstand postmateriell und als Verantwortungsaufgabe fürs übergreifende „Ganze". Natur wird hier als Schöpfung begriffen, unbeschadet dessen, dass die religiöse Semantik häufig ins Weltanschauliche übersetzt wird. Lebenssinn ergibt sich durch die Teilhabe und den persönlichen Einsatz für das, was richtiges Leben ausmacht.

Vignetten des Religiösen – eine Szenenfolge

„Wer weiß"

Als seine Lebensgefährtin Jennifer ihren Job als Tagesmutter begonnen hat und zum ersten Mal mit dem ihr anvertrauten Dreijährigen losgezogen ist, hat Mirko unwillkürlich auf den Holztisch geklopft: „toi, toi, toi". Wird schon gutgehen. Als Industriemechaniker ist er eher einer von der rationalen Sorte: Wenn man alles korrekt zusammenbaut, läuft es; jeder Fehler hat eine Ursache. Und ja: Im Leben ist es nicht immer so, da ist vieles unwägbar. Da gibt es unverhofftes Glück und Unglücke, wenn man nicht mit ihnen rechnet. Man darf sich jedenfalls nicht zu sicher fühlen. Vorab gratulieren, weil man am Geburtstag verhindert ist, geht bei ihm gar nicht. Und wenn seine Freundin den Tag lobt, bevor es Abend ist, dann kommt von ihm immer ein „Verruf's nicht". „Du mit deiner Rache der Götter", spottet dann Jennifer, halb belustigt, halb genervt. Natürlich glaubt er nicht daran, aber: wer weiß? Dass er, seit sie schwanger ist, jeden Morgen auf dem Weg zur Arbeit einen kleinen Umweg fährt, um – einfach so – an der Kirche vorbeizukommen, in der sie beide getraut wurden, erzählt er ihr gar nicht. Nur ein Blick auf die Kirchentür, das reicht, sein Großvater hätte sich wohl bekreuzigt.

Kleine ritualisierte Sprüche oder Handlungen an den Rändern des Alltags sind auch Zeitgenossinnen und Zeitgenossen nicht fremd, sie sind gang und gäbe. Auf der Unterseite moderner Lebensweisen und ihrer rationalen Logik halten sich – womöglich aufklärungsresistent und religionsaffin – Praktiken, mit denen Menschen häufig unwillkürlich den Unwägbarkeiten des Daseins zu begegnen versuchen. Was ehemals als Volksglauben rubriziert wurde oder heute als Aberglaube belächelt wird, lässt sich auch als eine rudimentäre Form populärer Religiosität wahrnehmen. In der Regel bleibt die Vorstellungswelt, die im Hintergrund steht, unausdrücklich; in den Sprüchen und Handlungen äußert sich kein „Glaube", den man explizieren könnte oder wollte. Ihr Status – ist es ernst gemeint, ist es Marotte? – wird bewusst vage gehalten, ihr Credo lautet: „Wer weiß". Als *rituelle Verhaltensweisen*, die Unglück fernhalten sollen, gehören viele der Handlungen traditionsgeschichtlich in die Reihe apotropäischer, mithin Schaden abwehrender Riten, die auch im Christentum ihren Platz haben. Die Gesten sind Tribut an das Leben, dessen Kontingenzen man ausgesetzt ist. Sie changieren zwischen Demut und dem Appell an eine höhere Macht, die es mit einem gutmeinen möge.

2. Zugangsweise und Perspektive

Engelfiguren – Pilgern – Yoga – Adventsritual – Bibelbuch – nachhaltiger Lebensstil – schützende Alltagsgesten: Was durch die Szenen in den Blick kommt, sind Phänomene, die durchweg religiös konnotiert sind. Sie zeigen in einer weithin säkular anmutenden Gesellschaft, dass Religion nicht aus der Welt gefallen ist, sondern in ihr in eigener Weise gelebt wird. Die Miniaturen des Religiösen, die hier vorgestellt wurden, speisen sich aus dem Traditionsbestand des Christentums (Kirchenjahr, Bibel, christliche Symbolik) oder erscheinen als Adaptionen, die sich heute auch mit christlichen Lebenseinstellungen verbinden lassen (Meditation, Schöpfung bewahren). Bewusst sind vornehmlich Fallbeispiele ausgewählt worden, die von sich aus einen Bezug zu Praktiken und Anschauungen christlicher Religion aufweisen; sie zeigen unterschiedliche Seiten *zeitgenössischer christlicher Frömmigkeit*. Es sind eine Engelfigur und kein Glücksschweinchen, ein Pilgerweg mit Station beim Hildegardkloster und keine Wanderung auf den Brocken, ein ethisch motivierter und kein me-first-Lebensstil, auf welche die Aufmerksamkeit gelenkt wird. Insofern ist die Auswahl bereits eine Vorentscheidung: In der Zusammenstellung der Szenen, so die Vermutung, lässt sich etwas von einer Gegenwartsreligiosität im Horizont eines spätmodernen Christentums erkennen.

Zugleich liegt es aber auch im Auge der Betrachterin, die Szenen religiös zu identifizieren; es ist immer auch ein Deutungsakt, bestimmte Verhaltensweisen und die sich darin ausdrückende Haltung als religiöse Praxis wahrzunehmen. Am Anfang der Überlegungen, die ins religiöse Feld der Gegenwart führen sollen, stehen somit nicht Selbstauskünfte der Beteiligten, sondern „dichte Beschreibungen"[1] des Beobachters, der mit seinen Erkundungen in das eintritt, was er vorfindet. Die szenischen Begebenheiten werden auf Sinngehalte hin interpretiert, die religiös gelesen werden können, ohne dass sie selbst explizite (christliche) Glaubensüberzeugungen artikulieren. Denn das Credo spätmoderner Religiosität, das sich in den verschiedenen Szenen geltend macht, bewegt sich selten in den semantischen Bahnen kirchlicher Theologie; als Vokabeln kommen Gott, Jesus Christus oder Heiliger Geist kaum vor. Die Motive, in denen sich die religionsaffinen Botschaften verdichten, lauten stattdessen: „Damit nichts passiert", „Das hat was" oder „Richtig leben". Als Bekenntnis wirkt solche Religiosität eher vage; sie bleibt im Ungefähren, vermischt sich mit anderen Lebensmomenten und erscheint fast wie eine biographische Randnotiz. Versteht man Christsein hingegen als eine signifikante „Lebensform"[2], die sich in einer regelmäßigen religiösen Praxis manifestiert, und christlichen Glauben als eine Überzeugung, die das ganze Leben prägt und trägt, dann sind hier höchstens Spurenelemente oder lediglich Restbestände einer ehemals christlichen Frömmigkeit auszumachen.

Nun fällt es allerdings schwer, im Gegenlicht solch stark normativer Ansprüche spätmoderne Religiosität überhaupt zu erkennen und angemessen zu verorten. Womöglich muss man sie zunächst etwas zurücknehmen, damit die unscheinbare Religion der Gegenwart erst einmal sichtbar werden kann. Zwei Aspekte scheinen mir wesentlich, um deren spezifischen Charakter näher zu kennzeichnen.

Wenn das gelebte Christentum – etwa in seinen verbreiteten spätvolkskirchlichen Formen – als *„unbestimmte" Religiosität* wahrgenommen wird, dann ist dies eine Bewertung, die bereits an eine spezifische Perspektive gebunden ist.[3] Unter der Maßgabe, dass erst eine dezidiert kirchliche Redeweise mit ihren theologisch ausgewiesenen Begriffen den Glauben zu einem inhaltlich bestimmten macht, erscheinen tatsächlich viele religiöse Äußerungen und Einstellungen von Kirchenmitgliedern als unbestimmt. Dies trifft auch die Religiosität, die sich in den geschilderten Szenen widerspiegelt. Lässt man sich allerdings auf diese ein – im Sinne einer „Hermeneutik des Hineingeratens" (Peter Sloterdijk) –, so ergibt sich aus der Perspektive der Beteiligten ein geradezu gegensätzliches Bild. Aus deren Sicht sind gerade die lehrhaften Aussagen der kirchlichen Verkündigung (für sich genommen) höchst unbestimmt und abstrakt. Demgegenüber sind die eigenen, vage anmutenden Äußerungen und eine Praxis, die sich nicht definitiv festlegen lässt, für die Akteurinnen selbst eine biographisch geprägte und subjektiv stimmige Gestalt des Religiösen; sie sind konkret, insofern sie in ihr Leben eingebettet sind. Sie sind verknüpft mit Ereignissen, Beziehungen, Themen und Räumen, die ihnen Bedeutung geben.

Hinzu kommt eine zweite Wahrnehmung, die den biographischen Ort und die Relevanz von Religiosität in spätmodernen Lebenswelten betrifft. Nur für eine kleine Minderheit von „Hochreligiösen" haben religiöse Inhalte und Praktiken einen zentralen Stellenwert in ihrem (Alltags-)Leben.[4] Für die Mehrzahl der Menschen jedoch, die gelegentlich und zumeist in besonderen Situationen persönlich mit Religion zu tun haben, spielt diese – im Blick auf ihre Persönlichkeit wie auch ihre Lebensgestaltung – eine zurückgesetzte Rolle; sie ist in diesem Sinne biographisch tatsächlich „randständig". Dies bedeutet aber gerade nicht, dass das Religiöse irrelevant ist; es bildet vielmehr eine Grundierung ihres Lebens und lässt sie religiös resonanzfähig sein. Als Moment der Lebensgestaltung wird diese Form der Religiosität nur sporadisch und in besonderen Kontexten praktiziert und dies jeweils nach eigener Façon.

In dieser Weise ist die Religiosität, die in den Szenen sichtbar wird, Religion in ihrem lebensweltlichen Kontext. Sie steht im Zusammenhang mit der Lebensgeschichte.[5] Die Biographie der Einzelnen bildet unter spätmodernen Bedingungen denjenigen Erfahrungs- und Deutungshorizont, innerhalb dessen sich Religion zeigt, artikuliert und auch plausibilisiert: Religiosität kristallisiert sich in biographisch relevanten Beziehungen. Sie wird bedeutsam in lebensgeschichtlichen Wendungen, Erinnerungen und Entwürfen. Sie hat einen Bezug zum biographischen Ich und den eigenen Lebensthemen. Ihre Pragmatik, mithin ihr Gebrauchswert, bemisst sich nicht zuletzt daran, ob Religiosität dazu beiträgt, dass das eigene Leben misslingt oder gelingt, als sinnerfüllt oder als verfehlt erlebt wird. Es ist die individuelle Lebensgeschichte, die heute den Zugang zu Religiosität anbahnt, ermöglicht oder verstellt.[6] Dies schließt mit ein, dass sie veränderlich ist und Um-, Ein- und Ausstiege stattfinden (können). Religion, wie sie hier in den Blick genommen wird, ist *subjektiv praktizierte Religiosität*. Damit ist nun allerdings keineswegs das Ganze der gegenwärtigen religiösen Praxis des Christentums umrissen. Mit der subjektiv praktizierten Religiosität geht die *kirchlich geformte und institutionalisierte Religionspraxis* einher, die von der Teilhabe am Heiligabendgottesdienst und am Konfirmationsunterricht bis hin zum Seelsorge- oder Trauergespräch (und vieles mehr) reicht. Es wäre ein Missverständnis und würde den Charakter spätmoderner Frömmigkeit verzeichnen, wenn man die hier angelegte Unterscheidung mit den geläufigen Dualen von kirchlich vs. unkirchlich oder von Christentum innerhalb vs. außerhalb der Kirche kurzschlösse. Dies gilt aus zwei Gründen: Zum einen muss eine subjektiv praktizierte Religiosität heute keineswegs mit einer „unkirchlichen" Einstellung verbunden sein, sondern knüpft nicht selten in eigensinniger Weise an kirchliche Vorstellungen an. Zum anderen finden sich Formen individualisierter Frömmigkeit nicht nur jenseits, sondern in gleichem Maße auch innerhalb des kirchlichen Christentums, an deren Religionspraxis sie sich anlagern und mit der sie sich verweben können.

Ein kurzes Fazit, um das Anliegen zu markieren: Was hier als subjektiv praktizierte Religiosität und als spätmoderne Frömmigkeit erkundet werden soll, kommt nicht sonderlich spektakulär daher und soll es auch gerade nicht sein. Das Interesse richtet sich auf ein *unscheinbares Christentum* und auf die Art und Weise, wie es gelebt wird. Gibt es volkskirchlich verträgliche, kulturell plausible und individuell relevante Formen von Religiosität, mithin Lebensweisen des Christentums, die nicht evangelikal-zudringlich anmuten müssen, aber dennoch eine religiöse Gestaltungskraft erkennen lassen? Liegt zwischen dem Engagement der kirchlich Hochverbundenen und der Indifferenz der Säkularen mehr als nur religiös ausgetrocknetes Land? In ihrer Organisation und damit auch in ihren institutionellen Gegebenheiten und Vollzügen ist die Kirche dabei, sich grundlegend zu verändern. Noch ist nicht klar, in welchen kirchentheoretischen Begriffen der Wandel angemessen erfasst werden kann und in welchen Leitbildern sie künftig ihr Selbstverständnis zur Geltung bringen will. Ob sie dabei – in gewiss anderer Weise als bisher – „Kirche für die Religion der Menschen"[7] zu sein vermag, wird sich nicht zuletzt daran bemessen, ob es gelingt, die Konturen der subjektiv praktizierten Religiosität wahrzunehmen und wertzuschätzen. Dabei geht es nicht nur um religiöse Einstellungen oder um religiöse Themen, sondern wesentlich auch – und darauf soll in diesem Buch der Akzent liegen – um die *Ausübung* von Religion in der Lebenswelt der Spätmoderne. Denn wenn da nichts mehr wäre, erledigt sich volkskirchliches Christentum trotz aller Anstrengungen von selbst.

3. Erkundungsfelder und ihre Erschließung

Am Ende der einführenden Bemerkungen sollen der folgende Argumentations- und die sich anschließenden Erkundungsgänge kurz skizziert und erläutert werden.
In einer *Grundlegung* (II.) wird zunächst dargelegt, in welcher Weise hier spätmoderne Religiosität wahrgenommen wird. Zunächst werden Grundlinien der praktisch-theologischen Diskussion nachgezeichnet, in denen gegenwärtige Frömmigkeit bzw. Spiritualität unterschiedlich bestimmt und in den Blick genommen wird. Paradigmatisch wird sodann die Praxis des Betens erschlossen; an ihr wird erkennbar, was Frömmigkeit heute ausmacht und wie sie praktiziert wird. Die praktisch-theologische Aufnahme von drei sozialwissenschaftlichen Referenztheorien schließt das Kapitel ab.

Der *Hauptteil des Buches* (III.) besteht aus praktisch-theologischen Erkundungen[8] von etwa einem Dutzend Phänomenen und Praktiken im zeitgenössischen Feld des Religiösen. Es wird beispielsweise gefragt: Welche Bedeutung haben Engelfiguren, die Menschen erwerben; warum entzünden sie Kerzen beim touristischen Besuch einer Kirche; welche Erfahrungen machen sie, wenn sie pilgern oder fasten; was erleben sie, wenn sie Weihnachtslieder hören? Manches mehr. Die Praktiken werden in vier Feldern verortet, die Grundaspekte gegenwärtiger Frömmigkeit markieren: Die Gegenständlichkeit des Religiösen, Zeiten und Orte gegenwärtiger Frömmigkeit, die Frömmigkeit des Körpers und Religion als Klang. Dabei ist die Zuordnung der Phänomene und Praktiken nicht trennscharf gemeint; das Singen könnte auch als genuin leibliche Praxis oder Fasten als eine spezifische Form von Kirchenjahrespraxis aufgeführt werden. Die Praktiken selbst verbinden durchaus mehrere der hier ausgewiesenen Dimensionen. Insofern hat die Systematik eine primär heuristische Funktion; an den Phänomenen – weitere könnte man zudem hinzufügen – sollen signifikante Aspekte exemplarisch deutlich werden.

Ein knapp gehaltenes *Schlusskapitel* (IV.) überlegt, welche Wahrnehmungs- und Gestaltungsperspektiven sich aus den Erkundungen für kirchliches Handeln ergeben.

Die einzelnen *Erkundungsgänge* sind je eigenständig und folgen zugleich einem ähnlichen Muster. Sie beginnen jeweils mit einer phänomenologisch angelegten Erörterung: Was hat es mit den Dingen, den Zeiten und den Orten, dem Körper, dem Klang auf sich im Blick auf ihre Relevanz für religiöse Praxis? Eine methodische und hermeneutische Eigenart der Erkundungen besteht darin, dass sie durchweg die Phänomene und Praktiken aus *Szenen* heraus entfalten. An ihnen soll das, was im Nachgang theoretisch erschlossen wird, beispielhaft ansichtig werden. Sie sind – wie Ursula Roth es im Blick auf ähnliche Szenen in früheren Texten von mir beschrieben hat – gedacht als „Anschauungs- und Anempfindungsmaterial"[9], das gedeutet und reflektiert wird. Die Szenen sind eine besondere Gattung praktisch-theologischer Darstellung; sie gründen in eigenen Beobachtungen und Erzählungen anderer, persönlichen und geschilderten Erfahrungen, ebenso in Äußerungen und Beschreibungen, die sich in empirischen Studien finden. Manches hat sich so oder sehr ähnlich ereignet, zumeist sind die Szenen aus den verschiedenen ‚Stoffen' kompiliert und arrangiert. Als Ausgangsszenen, auf die dann jeweils Bezug genommen wird, wollen sie nicht originell sein, eher typisch und konkret. Womöglich wird manches wiedererkannt; vielleicht reizen die Szenen auch dazu, sich an ähnliche oder auch ganz andere Begebenheiten zu erinnern. Die hier vorgestellten Szenen können und sollen die sich anschließenden Deutungen nicht erweisen, wohl aber plausibilisieren: „So könnte es (gewesen) sein, und dann ergibt sich daraus ...". Für mich als Autor gilt: Ohne die Szenen wäre ich nicht auf das gekommen, worauf ich gekommen bin.

Die Fußnoten sind bewusst als Endnoten gesetzt. Sie beschränken sich weitgehend auf die Angabe der fachwissenschaftlichen Literatur, die ich zurate gezogen und von der ich profitiert habe, praktisch-theologische Beiträge inklusive einzelner empirischer Studien.

II. Grundlegung
Zur Wahrnehmung spätmoderner Frömmigkeit

1. Grundlinien und Fluchtpunkte der praktisch-theologischen Diskussion

Angestoßen durch Impulse aus der internationalen ökumenischen Bewegung veröffentlichte die Evangelische Kirche in Deutschland (EKD) vor gut vierzig Jahren eine kleine Studie zu „Evangelischer Spiritualität", deren Anliegen es war, christliche Religion als Lebensgestaltung wahrzunehmen und zu instruieren.[10] Als kirchliche Orientierungshilfe reagierte die Schrift auf die kulturellen und kirchlichen Veränderungen der 1970er Jahre, in denen sie an verschiedenen Stellen auch (neue) religiöse Bedürfnisse zu erkennen vermochte. Vor dem Hintergrund einer zunehmend kritischen Einstellung gegenüber ausschließlich materiellen Werten, eines wachsenden Interesses an fernöstlichen Meditationspraktiken und von politischen Aktivismen mit säkularisierten Heilsversprechen sah sich die Kirche – so die Verfasserinnen und Verfasser der Denkschrift – herausgefordert, einen spirituellen Lebensstil evangelischer Prägung zu fördern.

Eine Randbemerkung zum zeitgeschichtlichen Kontext: Unabhängig von allen kirchlichen Debatten hat der Literaturwissenschaftler und Zeitdiagnostiker Michael Rutschky die Dekade der 1970er Jahre unter dem Leitmotiv des „Erfahrungshungers" rubriziert und fasst unter diese Metapher eine neue „Suche nach Selbstverwirklichung" und ein zunehmendes Bedürfnis nach „sinnlicher Erfahrung". Er macht es in diesen Jahren bei denjenigen aus, die durch die gesellschaftlichen Umbrüche der späten 1960er Jahre beeinflusst sind.[11] Weltveränderung als Selbstveränderung zu erleben und entsprechend den eigenen Alltag zu gestalten, erscheint als Signatur einer

Generation, der es wesentlich darauf ankommt, „eine Erfahrung zu machen".[12]

Es ist bemerkenswert, dass in der kirchlichen Denkschrift, die auf eine „spirituelle Erneuerung"[13] der evangelischen Kirche abzielte, der gleiche Begriff, hier verstanden als religiöser „Erfahrungshunger"[14], auftauchte. Konstatiert wurde ein zeitgenössisches Bedürfnis nach spiritueller Erfahrung, welches – so das Geleitwort des damaligen Ratsvorsitzenden der EKD Landesbischof Helmut Claß – in einen „geistlichen Neuaufbruch"[15] des kirchlichen Christentums umgemünzt werden sollte.

Bewusst ersetzte die Studie den älteren Begriff der Frömmigkeit und verwendete stattdessen den Begriff der Spiritualität. Er sollte ein weiteres Verständnis von (Erfahrungs-)Religiosität als einer, wie es damals hieß, „ganzheitlichen" Lebenspraxis ermöglichen und dem „Gespräch mit den verschiedenen Gegenwartsströmungen" dienen. Zugleich aber wurde auch eine theologisch-normative Bestimmung eingezogen: Spiritualität ist nur dort Spiritualität im „eigentlichen" (sic!) Sinne, wo sie als „wahrnehmbares geistgewirktes Verhalten der Christen vor Gott" begriffen wird.[16] Unter diesem Vorzeichen wurde die Wahrnehmung zeitgemäßer Spiritualität auf drei Gruppen enggeführt; sie zeige sich a) in einer bibelorientierten, evangelistischen Spiritualität, die sich vornehmlich in charismatisch-pfingstlichen Gruppen findet, b) in einer liturgischen, meditativen Spiritualität, wie sie etwa evangelische Kommunitäten pflegen und c) als emanzipatorisch-politische Spiritualität, die bestimmten kirchlichen Initiativgruppen eigen ist. Gemessen an solch subkulturellen Formen von gelebter Religion ist es wenig verwunderlich, dass die Studie konstatierte, dass „für die Breite der Volkskirche (...) noch nicht von einem spirituellen Aufbruch gesprochen werden (kann)"[17].

Vermutlich wird man den Wirkungsgrad der sog. Spiritualitätsdenkschrift nicht sehr hoch einzuschätzen haben, sie bewegte sich in einem abgezirkelten kirchlichen Binnenmilieu. Von ihr aus lassen sich allerdings bereits Wahrnehmungsmuster erkennen, die im kirchlich-theologischen Kontext bis heute wirksam sind. Von

Spiritualität wird in kirchlicher Perspektive nicht selten in zweifacher Weise gesprochen:

1. Als Herausforderung und Kritik: Spirituelle Praxis im weiteren Sinne erscheint als etwas, was sich zumeist außerhalb (und gelegentlich auch innerhalb) der verfassten Kirche entfaltet und zwar dort, wo sich Formen von Religiosität entwickeln, die sich der kirchlich-theologischen Bestimmung und dem kirchlich-institutionellen Zugriff entziehen und ein tendenziell synkretistisches Eigenleben führen. Solche subjektiv gelebte Spiritualität wird als Konkurrenz und als theologisch unzulänglicher Glaube wahrgenommen.

2. Als Defizitanzeige und Klage: Evangelische Spiritualität im distinkten Sinne hingegen erscheint als etwas, was zum rechten Evangelisch-Sein wesentlich dazugehört, innerhalb des volkskirchlichen Christentums jedoch immer mehr verblasst und sich zusehends verliert. Es wird immer weniger mit Kindern gebetet, kaum mehr in der Bibel gelesen, seltener in den Gottesdienst gegangen. Der Verlust ehemals gelebter Christlichkeit wird beklagt und soll im Modus von religiösen Aufbauprogrammen wiederbelebt werden.

Kurzum: In den Lesarten als Herausforderung und/oder Defizit liegt Spiritualität entweder *draußen* (außerhalb kirchlich-theologischer Reichweite) oder ist Erinnerung an *früher* (als Reminiszenz an traditional-vergangene Kirchlichkeit). In beiden Perspektiven wird das spätmoderne Christentum hierzulande als spirituell insuffizient wahrgenommen, Spiritualität ist etwas Besonderes, jedenfalls kein Normalfall. Entsprechend resümierte bereits die Denkschrift vorwurfsvoll: „In den Gemeinden lebt eine weithin gestaltlose defensive Kirchlichkeit und ein gefährlich unausdrückliches Christentum."[18]

In der praktisch-theologischen Diskussion der vergangenen Jahrzehnte hat das Thema Frömmigkeit/Spiritualität immer wieder eine Rolle gespielt, aber es ist offenbar schwierig, es innerhalb des Faches präzise zu verorten. So findet sich etwa im jüngeren

Handbuch der Praktischen Theologie[19], in dem die praktisch-theologische Landschaft anhand von einschlägigen und neuen Lemmata kartographiert wird, unter den 68 Einzelbeiträgen kein eigener Artikel unter dieser Überschrift. Stattdessen tauchen die beiden Stichworte (laut Register) in zwei divergierenden Themenzusammenhängen auf: zum einen im Feld, das durch klassisch kirchliche Vollzüge und Praxisformen abgesteckt ist wie bspw. Gebet, Bibel, Kirchenmusik; zum anderen im Kontext von Aspekten und Praktiken wie etwa Erfahrung, Therapie, Esoterik, die eher als (religions-)kulturelle Signaturen der Spätmoderne gelten. Hier wird erkennbar, dass Frömmigkeit oder Spiritualität in ganz unterschiedlicher Weise wahrgenommen werden kann und dass in der gegenwärtigen Diskussion verschiedene konzeptionelle Stränge nebeneinanderlaufen. Holzschnittartig lassen sich drei Linien identifizieren:

(1) Traditionsfrömmigkeit

Seit den 1960er Jahren hat es immer wieder einzelne praktisch-theologische Bemühungen gegeben, ältere Traditionen einer Theorie des geistlichen Lebens aufzunehmen und in einer „Evangelischen Aszetik" zu aktualisieren.[20] Der heute eher ungebräuchliche Begriff der Aszetik rubriziert „Übungen" des christlichen Lebens und steht für unterschiedliche Versuche, eine „Lehre vom Gestalt gewordenen christlichen Glauben"[21] zu entfalten. Die auf dieser Linie formulierten Theorien christlicher Frömmigkeitspraxis haben eine doppelte Voraussetzung: Sie gehen einerseits davon aus, dass der christliche Glaube als innere Gestimmtheit eines Ausdrucks bedarf und seine Lebensgestalt gewinnt, indem er in bestimmten spirituellen Formen ausgeübt wird, etwa im Gebet. Sie gehen andererseits auch davon aus, dass der Glaube in den religiösen Praktiken persönlich eingeübt wird und erst in diesen Gestaltungsformen, etwa im Bibellesen, zu dem wird, was ihn ausmacht. Glaube ist mithin etwas, was der Frömmigkeitspraxis zugrunde liegt und zugleich aus ihr heraus erwächst. Allerdings werden aszetische Fragen heute zumeist in der Pastoraltheologie verhandelt, als eigenständige Disziplin führt die Aszetik innerhalb der Praktischen Theologie eher ein Schattendasein. Dies hängt zum einen daran, dass der Terminus des „geistlichen Lebens" vornehmlich mit dem Amt und der Person der Pfarrerin und des Pfarrers assoziiert ist und als Chiffre pastoraler Existenz fungiert.[22] Nicht zufällig sind klassische Frömmigkeitsübungen wie individuelle Bibellese, gemeinschaftliche Andacht oder persönliches Segenswort, welche die evangelische Aszetik vorrangig im Blick hat, eher Übertragungen aus der Sphäre pastoraler Tätigkeit in die Lebenswelt der Leute. Es sind im Grunde pfarramtlich geprägte Imaginationen einer christlichen Praxis, die den meisten Evangelischen fremd ist. Zum anderen konzentriert sich die Aszetik vornehmlich auf Frömmigkeitsformen wie Beichte, Tagzeitengebete oder Psalmensingen, die weitgehend religiöse Sonderformen eines spezifischen kirchlichen Milieus darstellen.[23]

Wenn in diesem Kontext von Spiritualität gesprochen wird, dann steht hier die romanische Tradition des Begriffs im Hintergrund; *spiritualité* ist ein Terminus, der aus der katholischen Ordenstheologie stammt.[24] Er ist verbunden mit einer Vorstellung von Spiritualität, in der sich eine intensivierte persönliche Beziehung zu Gott mit der regelmäßigen Ausübung traditioneller christlicher Frömmigkeitspraktiken verknüpft. Dies prägt konzeptionell auch die Varianten einer evangelischen Aszetik. Nicht zufällig speisen sich viele ihrer Methoden und Gestaltungsformen aus dem Arsenal monastischer Praxis; sie sollen in einem veränderten Lebenssetting – von der Tageslosung und Exerzitien im Alltag bis hin zur klösterlichen Retreat oder im Herzensgebet – in traditionsbestimmter Weise neu zur Geltung gebracht werden. Damit ist die evangelische Aszetik eher auf eine exklusive Form von Traditionsfrömmigkeit zugeschnitten, im etwas weiteren Feld hat sie jedoch auch Impulse für neuere Konzepte und Angebote „Geistlicher Begleitung" gegeben.

(2) Spätmoderne Spiritualität

Der zweite Strang des Spiritualitätsdiskurses ist religionssoziologisch fundiert und gegenwartsdiagnostisch ausgerichtet. Er setzt bei der Wahrnehmung an, dass sich in der spätmodernen Kultur vielfältige Formen spiritueller Praxis auffinden lassen, die mehr und anderes sind als lediglich Restbestände religiöser Praktiken in einer säkularen Moderne. Die Spätmoderne ist, so die Einschätzung, auf eine individualisierte und plurale Weise auch religionsproduktiv. Im Hintergrund steht die Beobachtung, dass das ehemals kirchlich bestellte Feld des Religiösen erodiert, nun allerdings nicht brachliegt, sondern in anderer Weise bewirtschaftet wird.[25] Im Umbruch des Feldes werden disparate Formen „populärer Religion" sichtbar, die an den Rändern oder außerhalb der kirchlich eingefassten Religionskultur angesiedelt sind.[26] Neben modernen fundamentalistischen Bewegungen existieren spirituelle Szenen, die je auf ihre Weise Transzendenzerfahrungen inszenieren und kultivieren. Die breite Palette reicht von spirituellen Wellness-Angeboten über alternative Heilungswege oder Meditations- und Achtsamkeitsübungen bis hin zu Pilgererlebnissen und Wünschelrutengehen. Die in ihrer Thematik, Herkunft und Ausrichtung sehr unterschiedlichen spätmodernen spirituellen Techniken stimmen – so eine religionssoziologische Lesart – darin überein, dass sie die Selbstwahrnehmung der Akteurinnen und Akteure intensivieren; sie zielen darauf ab, das eigene Ich zu erweitern und zu überschreiten. Programmatisch in den Blick genommen werden vor allem Phänomene institutionell ungebundener „vagabundierender Religiosität", mithin Formen gelebter Religion ohne festen Wohnsitz im kirchlich verfassten Christentum. Den Ankerpunkt bildet dabei das religiöse Subjekt, das in eigenständiger und nicht selten eigensinniger Weise spirituelle bzw. Spiritualität anregende Praktiken auswählt und ausprobiert. Als ein Leitbild des religionssoziologischen Spiritualitätsdiskurses fungiert der Typus des „spirituellen Wanderers"[27], für den der Prozess der religiösen Selbstfindung ein biographischer Weg ist, der alleine oder mit anderen zusammen gegangen wird.

Im Hintergrund des religionssoziologischen Diskurses steht die angelsächsische Tradition des Begriffs; *spirituality* bezeichnet eine subjektive Form von Transzendenzerfahrung in einem bewusst offenen und weitgefassten Sinne.[28] Der Terminus Spiritualität bestimmt sich hier nicht primär durch spezifische Inhalte, sondern umschreibt den sozialen Aggregatszustand subjektivierter Religiosität in der Spätmoderne. Im Fokus der Aufmerksamkeit stehen dabei nicht die klassischen kirchlichen Formen der Religionsausübung, sondern nicht selten synkretistische Kompositionen individueller oder gemeinschaftlicher Spiritualität, die sich am persönlichen Erleben plausibilisieren.

Ein kurzer Zwischenhalt: Die beiden Stränge des gegenwärtigen Spiritualitätsdiskurses, die nur sehr holzschnittartig skizziert worden sind, laufen nebeneinander her, sie identifizieren Spiritualität in sehr unterschiedlicher Weise: auf der einen Seite als *persönliche Einübung in eine Traditionsfrömmigkeit*, auf der anderen Seite als *individuelles Experimentieren zur religiösen Lebenserweiterung*. Gleichwohl berühren sich beide Zugangsweisen auch an zwei Stellen: Hier wie dort liegt ein Augenmerk auf spirituellen Praktiken, mithin auf Methoden und Techniken, die religiöse Erfahrungen ermöglichen und hervorbringen. Hinzu kommt, dass die Phänomene, auf die sich die evangelische Aszetik und die religionssoziologische Spiritualitätstheorie vorrangig beziehen, eher außergewöhnlich erscheinen und ihre Signifikanz dadurch erhalten, dass sie bewusst anders sind als das kirchlich oder kulturell Vertraute. Für den Betrachter haben Beichte und Tagzeitengebete einen Zug ins Hochkirchliche, Ayurveda-Workshop und spirituelle Therapien einen Stich ins Esoterische. Eins wie das andere folgt einer Logik des religiös Besonderen; Spiritualität erscheint als Religiosität, die sich abhebt und heraushebt.

(3) Volksfrömmigkeit / Populare Religiosität

Nun begegnet gelebte Religion heute nicht nur als exponierte Spiritualität. Um die spätmoderne Frömmigkeitspraxis zu identifizieren, ist deshalb auch eine dritte Linie wichtig, in der wahrgenommen wird, dass und wie die subjektiven Formen von Religiosität kirchlich rückgebunden, kulturell eingebettet und sozial vermittelt sind. Innerhalb der Praktischen Theologie ist diese Perspektive bereits vor gut hundert Jahren aufgenommen worden, als Paul Drews das Programm einer „religiösen Volkskunde" formuliert hat, in der es darum geht, das „religiöse Leben und Empfinden"[29] der Menschen wahrzunehmen und zu verstehen. So gehört zur heute gelebten Religion – man denke an das Weihnachtschristentum – auch ein religionskulturell eingelebtes Christentum, das sich lebensweltlich in vertrauten Bahnen bewegt und wenig spektakulär anmutet. Ehedem wurden die traditional geprägten und praktizierten Formen von Religiosität in volkskundlicher Perspektive unter dem Stichwort der „Volksfrömmigkeit" rubriziert. Nun ist allerdings der Begriff aus verschiedenen Gründen problematisch geworden.[30] Auf der einen Seite haben sich mit ihm romantisierende Vorstellungen von einer ursprünglichen Religiosität des Volkes oder der „kleinen Leute" verbunden. Auf der anderen Seite konnte Volksfrömmigkeit auch als ungebildete, „abergläubische" Religiosität klassifiziert werden, die der aufklärerischen Kritik bedurfte oder kirchlich unterbunden werden musste. Beide Lesarten sind heute nicht mehr zeitgemäß und angemessen, kulturwissenschaftlich wird deshalb heute in Anlehnung an den französischen und englischen Sprachgebrauch eher von „popularer Religiosität"[31] gesprochen. Normativ herabgestimmt werden darunter religiöse Anschauungen, Praktiken und Symbolisierungen gefasst, die auch jenseits dezidiert kirchlichen Handelns Anklang finden und innerhalb wie außerhalb der Kirche „gang und gäbe" sind. Wie in den älteren Untersuchungen zur Volksfrömmigkeit so richtet sich auch in den jüngeren Studien zur popularen Religiosität das

Augenmerk auf die konkreten materialen Ausdrucksformen und insbesondere die rituellen Gestaltungsweisen, in denen sich religiöse Anschauungen der Leute manifestieren und zeigen.[32] Gelebte Religion, so lehrt dieser Diskurs, muss lebensweltlich nicht immer exzeptionell sein.

Die drei vorgestellten Ansätze sind verschiedene Zugänge; sie stehen für unterschiedliche Wahrnehmungsweisen von gelebter Religion als Frömmigkeit, Spiritualität oder Religiosität, wobei sich die Phänomenbereiche, die in den Blick genommen werden, überschneiden können. Auffällig ist, dass sich weder die Phänomene noch die Konzeptionen anhand ihrer Leitbegriffe trennscharf voneinander unterscheiden lassen. So kann von Spiritualität in einem weitem und in einem engen Sinne, von Frömmigkeit im traditionalistischen wie im spätmodernen Sinne und von Religiosität als Gestimmtheit, Überzeugung oder Aktivität gesprochen werden. Semantisch schillern die Begriffe. Das jüngst erschienene dreibändige „Handbuch Evangelische Spiritualität"[33], das Beiträge aus den unterschiedlichen Richtungen versammelt, aber konzeptionell deutlich dem ersten Strang zugeordnet werden kann, begründet seine Begriffspräferenz strategisch: Spiritualität besitze im Gegensatz zu den anderen Termini „für jüngere und ältere Menschen, auch für solche, die dem christlichen Glauben fernstehen, einen positiven Klang"[34]. Umgekehrt finden sich im gegenwärtigen praktisch-theologischen Diskurs auch Stimmen, die bewusst den *Begriff der Frömmigkeit* aufnehmen und versuchen, ihn neu zur Geltung zu bringen.[35] Dabei muss mit zwei Vorbehalten gerechnet werden: Zum einen haftet dem Begriff nicht nur eine gewisse Patina an, er hat auch – insofern ist der erklärte Verzicht auf ihn im „Handbuch" nachvollziehbar – einen negativen Beiklang, wenn er umgangssprachlich mit Frömmlertum oder Einfalt konnotiert wird. Zum anderen gehört er heute zum spezifisch kirchlichen Sprachgebrauch und ist im öffentlichen Diskurs eher befremdlich, auch im interdisziplinären Gespräch der Sozialwissenschaften findet er wenig Anschluss. Lotet man jedoch etwas sorgsamer aus, was sich mit dem Begriff „Frömmigkeit" verbindet, dann könnte es sinnvoll sein, ihn praktisch-theologisch beizubehalten und fortzuschreiben:

1. Er bezeichnet die Religiosität von Menschen „in ihren konkreten Formen und Gestalten"[36] und ist von Hause aus ein *Praxisbegriff*. Frömmigkeit äußert sich in dem, was Menschen religiös tun. Dabei geht es allerdings nicht nur um einzelne Handlungen, sondern auch um die Haltung, die eine Person insgesamt prägt, mit bestimmten transzendenzoffenen Einstellungen einhergeht und sich auch im Verhalten ausdrückt.

2. In der evangelischen Tradition steht Frömmigkeit für die *subjektive Seite christlicher Religion* und bezeichnet weniger eine Denkweise oder Weltsicht, sondern betont die „erfahrungsbezogene, emotional grundierte Dimension"[37] von Religion. Seine spezifisch neuzeitliche Kontur hat der Begriff darin, dass ihm zwei Unterscheidungen[38] zugrunde liegen: Erstens ist Christlichkeit nicht deckungsgleich mit Kirchlichkeit, sondern Frömmigkeit artikuliert sich immer auch in subjektivierten, individuellen wie gemeinschaftlichen Formen des Christentums, die gegenüber kirchlich-institutionalisierter Praxis eigenständig sind. Zweitens unterscheidet sich gelebte Religion als Frömmigkeit auch von der als kirchliche Lehre formulierten Theologie und bringt eigensinnige Deutungen des Glaubens hervor.

3. Auch unter spätmodernen Bedingungen steht dabei das religiöse Subjekt allerdings nicht „lediglich auf sich selber"[39], sondern hat in persönlicher Weise Anteil an einer Frömmigkeitspraxis, die sich sozial vermittelt und aus spezifischen Traditionen speist. Mit den beiden zuvor angeführten Unterscheidungen wird zugleich festgehalten, dass in praktisch-theologischer Sicht die hier in den Blick genommene Frömmigkeit etwas ist, was sich als subjektivierte Religiosität im *Referenzraum des Christlichen* verortet bzw. verorten lässt.[40] Sie ist gegenüber dem kirchlich verfassten Christentum eigenständig, aber nicht von ihm unabhängig.

4. Wo Praktische Theologie gelebte Religion als Frömmigkeit wahrnimmt, geht sie davon aus, dass in ihr auch *potentiell christliche Interpretamente* auffindbar sind und bringt selbst entsprechende

Grundlinien und Fluchtpunkte der Diskussion

Deutungen dessen ein, was sie erkundet. Sie geht dabei davon aus, dass sich spätmoderne Frömmigkeit nicht (mehr) nur in kirchlich ausgewiesenen Formen kanonisieren lässt, sondern fragt – zurückhaltend und deutungsoffen – nach einem „christlich ansprechbaren Wirklichkeitsverständnis"[41], das sich in unterschiedlichen zeitgenössischen Gestalten der Frömmigkeit einlagert.

2. Beten als Paradigma von Frömmigkeit

Wie Frömmigkeit praktisch-theologisch auffindbar ist und welche Konturen sie heute hat, soll im Folgenden exemplarisch an der Praxis des Betens erkundet werden. Beten gilt weithin als Inbegriff persönlich praktizierter Religiosität.[42] Bündig beginnt ein entsprechender Handbuchartikel mit der Aussage: „Evangelischer Glaube und Gebet gehören untrennbar zusammen."[43] Die folgenden Überlegungen sind vorsichtiger gehalten und gehen einen etwas anderen, nämlich induktiven Weg. Man beginne mit dem, was man vorfindet. Dabei ist, wenn im Folgenden Frömmigkeit aus der Praxis des Betens erschlossen werden soll, nicht behauptet, dass nur dort von ihr gesprochen werden kann, wo jemand betet. Das Beten fungiert hier vielmehr als Phänomen, an dem heuristisch erörtert werden soll, was Frömmigkeit im Kontext der Spätmoderne ausmacht.

(1) Der lebensgeschichtliche Nachklang des Betens

Die Großmutter galt in der Familie als ‚fromme' Frau. Nach alter Lesart hieß dies: rechtschaffen und herzensgläubig. Sie ging öfters in die Kirche, aber wenn die Enkelkinder am Wochenende zu Besuch kamen, dann war sie für sie da, auch am Sonntagvormittag. Die hatten das Gefühl, dass es die Oma gut mit ihnen meint; auch trösten konnte sie gut. Der Enkel erinnert sich noch etliche Jahrzehnte später, dass sie abends mit ihnen gebetet hat, immer: „Müde bin ich, geh zur Ruh, schließe meine Augen zu. Vater, lass die Augen dein, über meinem Bette sein." Den Klang hat er noch vertraut im Ohr, die Worte sind ihm mittlerweile fremd, sie stammen aus einer anderen, vergangenen Zeit. So ist das eben, wenn man selbst der Religion entwachsen ist. Nun hat er heute eine Whatsapp-Nachricht des Freundes bekommen:

> „Keine guten Neuigkeiten. Sie haben was gefunden beim MRT. Übermorgen weitere Untersuchungen, es steht wohl eine OP an. Es ist ... na ja." Er braucht Zeit, um darauf zu reagieren, immer wieder löscht er seine Zeilen. Was kann er aufrichtig sagen? Schließlich ringt er sich durch und schreibt: „Oh nein! Das sind bestimmt schlimme Tage und Stunden. Ich bin in Gedanken bei dir. Pass gut auf dich auf." Noch einmal zögert er – so doch nicht. Und dann ersetzt er den letzten Satz und tippt: „Der Himmel möge ein Auge auf dich haben."

Beten ist etwas, was für den älter Gewordenen, der kein Kind mehr ist, lange zurückliegt. Es verbindet sich mit Kindheitserinnerungen, die eine *Kluft* spürbar werden lassen zwischen damals und heute. Nicht überraschend gehört das Kindergebet zu einer Welt, die biographisch und wohl auch kulturell vergangen ist. Auch wenn man den Reim – die Zeilen stammen aus der romantischen Religiosität des frühen 19. Jahrhunderts[44] – noch heute in religiösen Elternratgebern und im Internet findet. Ehedem waren die Gebetsworte familiär durch die ‚fromme' Großmutter gewährleistet und autorisiert, wobei das Bild von ihr changiert: Ist dies noch der ganz persönliche Eindruck von ihr oder schon klischeehaft, wie die längst Verstorbene im (Familien-)Gedächtnis geblieben ist? Das Bild von der Person spiegelt zugleich den Charakter des Gebetes; der Klang macht es und die Stimme wirkt noch nach; die Worte jedoch sind unzeitgemäß, die Geste, die sich damit verbindet, ist obsolet. Und doch gibt es eine *Brücke* zu den Zeilen, die der Erwachsene an seinen Freund sendet. Was ist zu erkennen, wenn man sie als Nachhall zum (kindlichen) Gebet liest? Drei Aspekte treten hervor:

Zum einen sind beide, das Gebet der Kindheit wie die Nachricht des Erwachsenen, persönliche ‚Mitteilungen', hier spricht jeweils ein Ich von sich: Ich schließe die Augen, ich bin in Gedanken bei dir. Gebete sind immer auch selbstbezügliche Aussagen; sie geben etwas von mir kund. Auch das Müde-Sein ist eine leibliche Selbstaussage in der ersten Person. Wie steht es demgegenüber mit den "schlimmen Tagen und Stunden", die angesprochen werden? Vorderhand, wenn auch nicht ausdrücklich, beschreiben sie die Situation des Anderen. Durch den vorangestellten Weh-Ruf jedoch ist die Aussage auch die Selbstbekundung einer Mitempfindung; der Schreiber teilt in eigener Person das Gefühl des Anderen: Ich empfinde es als schlimm, was du durchzumachen hast.

Zum zweiten unterscheiden sich das Kindergebet und die Whatsapp-Nachricht in mehrfacher Hinsicht: Das abendliche Gebet ist ritualisierte Praxis, erwartbar und wiederkehrend. Es sind geprägte und eingeübte Worte, eingebunden in eine vertraute Situation und Handhabung.[45] Anders die formulierten Zeilen, die ins Handy eingetippt werden. Sie sind veranlasst durch die besondere (Not-)Situation des Freundes und müssen mühsam gefunden werden, in individueller Verantwortung. Sie müssen durch die eigene Person gedeckt sein, deshalb brauchen sie Selbstreflexion. Dies wird auch in der Formulierung deutlich: „Ich bin in Gedanken bei dir" ist eine Beziehungsbotschaft, die zugleich über das spricht, was der ‚Sender' für den ‚Empfänger' tut, nämlich an ihn denken. Dabei wird die religiöse Semantik ins Postreligiöse *transformiert*: Nicht „ich bete für dich", sondern in (meinen) Gedanken „bin ich bei dir". Die Wendung ist als Beistandsformel vermutlich nicht unüblich – insofern ist sie nicht so spontan, wie sie erscheint, sondern durchaus kulturell eingeführt – und sie überschreitet ein nur kognitivistisches Verständnis des Denkens: An einen anderen Menschen denken meint, ihm nahe zu sein und speist sich aus der Vorstellung, dass dies für andere auch spürbar ist und eine Wirkung auf sie hat. Ein signifikanter Unterschied betrifft die Adressierung des Sprechaktes. Während im traditionellen Gebet das Du der göttliche Vater ist (repräsentiert durch die wachende Großmutter), richtet sich die Whatsapp-Botschaft (nicht nur im technischen Sinne) an den Freund, er wird angesprochen.

Dies wird drittens schließlich aber durch den nachträglich veränderten Schlusssatz noch einmal aufgehoben. Der innere Widerstreit der beiden Varianten markiert eine zentrale Auseinandersetzung an der Grenze zwischen einer aufgeklärt-säkularen und einer religiös-christlich getönten Äußerung. Das „Pass auf dich auf" belässt es (redlich?) bei der Selbstsorge, wobei der Imperativ hier allerdings mehr als eine bloße Aufforderung darstellt. Der Freund soll darin auch eine untergründige Bestärkung mithören. Insofern ist der neuformulierte Satz, der den ersten Versuch ersetzt, zwar eine grammatikalisch signifikante, seiner Intention nach aber, so könnte man mutmaßen, eher eine graduelle Änderung. Die nun explizite ‚Anwünschung', dass der „Himmel ein Auge auf ihn haben möge", macht sich dann allerdings eine Wendung zu eigen, die aus dem Feld der religiösen Semantik stammt. Deshalb zögert auch derjenige, der der Religion entwachsen ist, und muss für sich überprüfen, ob er mit dieser Formulierung nicht sein eigenes spirituelles Konto überzieht. Kann er sich diese Worte borgen? Im Übrigen ist am Ende der geschilderten Szene gar nicht sicher, ob er die Nachricht dann auch so losgeschickt hat. Erkennbar wird in der Formulierung aber ein hermeneutisches Prinzip: Der „Himmel", der ein „Auge" auf ihn haben möge, ist ein religiöses Derivat und eine apersonale Chiffre für die kindliche Rede vom „Vater", die sich in einem bewusst unbestimmten Sinne auf eine ‚höhere Macht' bezieht. Sie rezipiert das abgelegte kindliche Bild, das so nicht mehr verwendbar ist, und übersetzt es in eine – als Bildwort eher unstimmige – Metapher, die jedoch etwas vom religiösen Sinngehalt des ursprünglichen Gebetes aufzunehmen und auszudrücken vermag.

(2) Die Praxis gegenwärtigen Betens:
empirische Einsichten

Bemisst man die individuelle Praxis des Betens an dem, was sich durch die Tradition kollektiv ererbter und persönlich gesprochener Gebete nahelegt, dann kommt man nicht selten zu Defizitanzeigen. Nun werden geprägte Gebete in jedem Gottesdienst gesprochen, insbesondere das Vaterunser. Dieses kann – in Anrede,

Sprachform und inhaltlicher Ausrichtung – „historisch und normativ" als „Quelle des christlichen Gebets" gelten.⁴⁶ Es ist, vor allem durch den Konfirmationsunterricht, vermutlich den meisten Evangelischen heute geläufig, auch wenn sie nur gelegentlich an einem Gottesdienst teilnehmen. Jenseits der gottesdienstlichen Praxis aber wird häufiger von einer „Krise"⁴⁷ des Gebets gesprochen: Beobachtet wird, dass Eltern seltener mit ihren Kindern beten, dass ein Tischgebet immer weniger praktiziert wird⁴⁸ oder dass auch unter Kirchenmitgliedern mittlerweile der Anteil derjenigen klein ist, die täglich beten⁴⁹. Die Diagnose, dass das Beten alltagsweltlich heute schwächer verankert ist als früher, motiviert in jüngerer Zeit verstärkt zu religionspädagogischen Konzepten, die – wie die performative Religionsdidaktik – eine wesentliche Aufgabe darin sehen, allererst einen Zugang zum Beten als religiöser Praxis zu ermöglichen. Weil die „Bildung religiöser Kompetenzen", um die es im Religionsunterricht geht, „das Vorhandensein von Religionspraxis voraus[setzt]"⁵⁰, muss diese Praxis selbst ein Element des unterrichtlichen Geschehens werden, um sie kritisch-reflexiv erschließen zu können. Aus den vorliegenden empirischen Studien ergibt sich ein ungefähres, durchaus bemerkenswertes Bild: Beten ist unter den Evangelischen hierzulande *keineswegs eine Minderheitenpraxis*. Laut der jüngsten Kirchenmitgliedschaftsuntersuchung gibt lediglich ein Drittel an, „nie" zu beten; zwei Drittel hingegen tun es regelmäßig oder sporadisch.⁵¹ Dieser Wert liegt noch höher, wenn – wie in der vorletzten Untersuchung – die Angabe um „Beten im weitesten Sinne verstanden" ergänzt wird.⁵² Interessanterweise sind auch innerhalb der Gesamtbevölkerung diejenigen, die nie beten, in der Minderheit, wobei dies – nun weniger überraschend – im Blick auf Geschlecht und Alter differiert. Bei Frauen und bei Älteren liegt der Anteil derjenigen höher, die von sich angeben, dass sie beten.⁵³ Beten ist etwas, so beide erwähnten Mitgliedschaftsbefragungen, was Menschen heute eher häufiger für sich alleine und nicht in Gemeinschaft tun und eher gelegentlich als regelmäßig. ‚Gelegentlich' impliziert dabei, dass es spezifische, meist lebensgeschichtliche Anlässe gibt, die Menschen ins

Beten bringen: schwierige Zeiten, bedrängende Ereignisse, Sorge um Andere. Allerdings lässt sich der Befund nicht einfach auf die konventionelle Wendung ‚Not lehrt Beten' bringen, denn die Situation ist Antrieb und Herausforderung, aber keineswegs hinreichende Bedingung dafür, dass Menschen dann auch tatsächlich beten (können). Sie ist gleichsam ein biographisches Lernfeld, aber kein Lehrmeister. Eine vergleichende Studie etwa deutet darauf hin, dass Patientinnen und Patienten in einer gesundheitlich angegriffenen Lebenssituation nicht signifikant häufiger beten als andere; sie suchen allerdings intensiver nach religiösen Möglichkeiten und Ressourcen, die für sie in dieser Situation hilfreich sind.[54] Menschen beten in sie besonders bedrängenden Situationen dann, wenn sie selbst einen eigenen Zugang und eine eigene Sprache für ‚so etwas wie Beten' finden.

In der Nahaufnahme der oben geschilderten Szene ist offen, ob die Whatsapp-Äußerung als Gebet zu identifizieren ist. Dies verweist auf zwei Aspekte, die sich mit der Wahrnehmung des Betens als gegenwärtiger Frömmigkeitspraxis verbinden. Zum einen setzen die Selbstauskünfte zum Beten und ebenso auch die theologische Zuordnung von Äußerungen zum christlichen Akt des Gebetes immer schon voraus, dass das Phänomen klar und eindeutig bestimmbar ist. Bereits die Wendung in der erwähnten Kirchenmitgliedschaftsbefragung, es gehe um Beten im „weitesten Sinne", zeigt jedoch dessen lebensweltliche Unschärfe. Womöglich kommt erst in der Praxis dessen Bedeutung heraus. Zum anderen gehört diese „Sinnkrise des Gebets"[55] gerade zum Beten in seiner spätmodernen Kontur konstitutiv hinzu. Diese ist nicht nur – als häufig konstatierte Verlustgeschichte geprägter und ritualisierter Religion – der kulturelle Horizont, in dem sich die heutige Praxis des Betens bewegt. Sie ist vielmehr selbst ein notwendiges Moment der biographischen Auseinandersetzung derjenigen, die nicht mehr selbstverständlich religiös agieren und sprechen können. So wie die wenigen Whatsapp-Zeilen an den Freund sich nicht von selbst ergeben, sondern ein herausgefordertes Reden ist, das mit sich nicht ohne weiteres eins ist.

(3) Wie Beten entsteht

> Da gibt es die inständige Bitte einer jungen Frau, die gemeinsam mit ihrer Freundin in der Praxis auf den Krankenbefund wartet: „Bitte nicht!" Und es gibt das dankbare Aufatmen des Großvaters, als sich die Enkelin von der Hand losgerissen hat und auf die Straße läuft, das Auto aber im Bogen an ihr vorbeizieht: „Was ein Glück!" Der Mitvierziger bringt nach dem Herzinfarkt auf die Frage, wie es ihm geht, nur ein „Es muss ja" heraus, schließt die Augen und presst die Lippen aufeinander. Und einer, die immer die Sorge umtreibt, hüpft auf dem frühsommerlichen Spaziergang unvermittelt das Herz, die Seele wird ruhig und es kommt ihr in den Sinn: „Wie schön."

Die vier aufgegriffenen Äußerungen würde man wohl nicht als Gebete klassifizieren; es sind keine religiösen Handlungen, in denen sich Menschen an Gott wenden. Vermutlich würden die junge Frau und auch die drei anderen nicht davon sprechen, dass sie in diesen Situationen mit diesen Worten gebetet hätten. Gleichwohl könnte man die kurzen Wendungen in die Nähe eines Gebetes rücken und das, was in ihnen zum Ausdruck kommt, in Analogie zum Beten interpretieren. Drei Erwägungen:

In den Äußerungen, die vermutlich für andere gar nicht hörbar sind, reagieren Menschen situativ auf das, was ihnen widerfährt und was sie berührt. Sie artikulieren, dies ist der erste Punkt, eigene Empfindungen: Sie drücken aus, dass ihnen angst und bange ist, dass sie erleichtert sind, dass sie das Gefühl haben, unter der Last des Lebens niedergedrückt zu werden oder dass sie Lebensfreude besonders intensiv in sich spüren. Wie das Beten auch sind es expressive Akte, mithin innere Ausrufe des Selbst.

Zweitens sind die Worte aber nicht nur ein Spiegel dessen, was eine Person fühlt. Denn jeder Ausdruck eines Gefühls reicht bereits darüber hinaus, er hat in sich bereits einen Überschuss an Sinn.[56] Die Äußerungen bestimmen und deuten auch, was in dieser Situation geschieht und erlebt wird. Sie machen es in dieser Weise zu einer Erfahrung. Dass das Auto das Kind verfehlt, ist ‚Glück', und der noch nicht überstandene Herzinfarkt ist eine ‚Prüfung', der man nicht entkommt. In den knappen Aussprüchen sagen Menschen nicht nur etwas über sich, sondern auch darüber, was ihnen widerfährt und sie setzen sich zu diesem Geschehen ins Verhältnis.

Die Äußerungen bringen drittens je unterschiedliche elementare Lebenserfahrungen zur Geltung, die existentiellen Charakter haben: eine Bitte um eine positive Zukunftsprognose; der Dank dafür, dass es gut gegangen ist; die verkappte Klage, hier mit zusammengebissenen Zähnen[57]; ein Lob auf die Lust des Daseins. Durch ihre persönlichen Reaktionen geraten Menschen gleichsam in den ‚Einzugsbereich' eines Gebetes, die Äußerungen korrespondieren mit den vier Grundmodi des Betens: bitten, danken, klagen, loben. Diese Grunddimensionen sind schon in der biblischen Überlieferung erkennbar, man denke etwa an den Psalter[58], und liegen auch den liturgischen Sprachformen des christlichen Gottesdienstes (als Fürbitte, Dankgebet, Kyrie oder Lobpreis) zugrunde. Die Evidenz des Betens als religiöser Praxis, so könnte man folgern, beruht wesentlich darauf, dass diese existentiell unterlegt ist mit dem, was menschliches Leben wesentlich ausmacht: Angewiesen sein, Dankbarkeit fühlen, Leid erfahren, Lebenskraft spüren.

Als Sprechakte haben die vier Äußerungen keine dialogische Form, grammatikalisch gesehen wenden sie sich nicht an andere. Wenn man sie als kommunikative Akte in ihrer Sprachform beschreibt, dann erscheinen sie als eine Art Zwiegespräch mit sich selbst. Im substantiellen Sinne sind sie demnach keine religiösen Handlungen; jedenfalls keine Gebete, die an Gott gerichtet sind. Gleichwohl, und darauf kommt es mir dieser Stelle an, sind das Bitten, Danken, Klagen und Loben selbst schon Lebensvollzüge, in denen das Subjekt nicht bei sich verbleibt. Sie richten sich vielmehr implizit – auch wenn dies unausdrücklich bleibt – auf eine/n Andere/n. Dies wird deutlich, wenn man sich diese Lebensakte als individuelle oder soziale Praktiken phänomenologisch erschließt. So hat der Soziologe Georg Simmel in seinen „Untersuchungen über die Formen der Vergesellschaftung" gezeigt, dass Dankbarkeit nicht nur eine innere Empfindung einer Person darstellt, sondern dass das Danken ein wesentliches Moment interaktiven Verhaltens bzw. sozialer Verbindungen ist. Der Dank gilt immer ‚jemandem', dem ich für das, was ich empfangen habe, dankbar bin. Insofern das Empfangene als Gabe verstanden wird, wohnt dem Danken eine „Wechselwirkung" inne, die eine Verbundenheit stiftet.[59] Indem ich danke, setze ich (voraus), dass da ‚jemand' ist, dem oder der ich etwas verdanke, dem ich zu Dank verpflichtet bin oder der ich danken will. Danken ist von sich aus ein *Beziehungsverhältnis*. Entsprechendes gilt für das Bitten. Es ist, wenn es nicht ins Leere läuft, ein intersubjektiver Akt zwischen der Person, die bittet, und derjenigen, die um etwas gebeten wird.[60] Mit einer Bitte zeigt ein Subjekt, dass es nicht selbst herzustellen vermag, was es zum Leben braucht oder ersehnt, und dass es darauf angewiesen ist, dass eine andere Person oder eine andere Macht das Erbetene gewährt. Ob dies geschieht, liegt nicht in den eigenen Möglichkeiten. Auch im Blick auf das Klagen und Loben lässt sich eine analoge Tiefenstruktur geltend machen: Die Klage über fremdes oder eigenes Geschick hat eine ‚implizite Adressatin', der das Leid vorgehalten wird, es soll gesehen werden. Und das Lob ist mehr als nur Zustimmung, es ist partizipative Einstimmung in eine Lebensenergie, die nicht die eigene ist, sondern den Lobenden ergreift.

Blendet man von diesen allgemeinen Aussagen auf die vier konkreten Äußerungen zurück und liest sie im Horizont eines Betens „im weitesten Sinne", dann wird erkennbar, dass sie in einer unbestimmt bleibenden Weise auf ein Jenseits der sozialen Wirklichkeit bezogen sind. Sie richten sich gleichsam an untergründige Wirkkräfte, die als ‚transzendente Urheber' wenn auch nicht angesprochen, so doch mitempfunden werden: Die Bitte der jungen Frau richtet sich auf eine medizinische Diagnose, für die die Ärztin zuständig ist, die aber gerade nicht in deren Verfügungsmacht steht; der Großvater mag dem Autofahrer für seine rasche Reaktion danken, dankbar aber ist er dafür, dass seine Enkeltochter vor Schlimmen bewahrt worden ist; der herzkranke Patient kann niemandem verantwortlich machen, sondern hadert mit dem, was ihm auferlegt ist; und die Spaziergängerin mag sich an der erblühenden Natur freuen, leibhaftig erfüllt sie jedoch die Lebenskraft, die allem Naturhaften zugrunde liegt. Es wäre zu weit übergegriffen, wenn man hier von ‚impliziter Religiosität' sprechen würde, weil es sich um anthropologische Phänomene handelt. Aber womöglich kann man die lebensweltlichen Äußerungen als solche existentiellen Momente sehen, aus denen Beten entstehen kann, und als Erfahrungshorizonte, in denen es sich plausibilisiert. Wenn man so will: Beten in *statu nascendi*. Es folgt einer agnostischen Intuition: „Wer immer weiß, zu welchem Gott er betet, wird nie erhört." (Erich Fried)

(4) Beten als soziale Kommunikation
 und religiöse Handlung

Frau P. ist eine gesellige und selbstbewusste Frau, die ihr Leben in die Hand genommen hat. Als sonderlich religiös würde sie sich nicht bezeichnen. Aber seit sie mit ihren beiden Töchtern an den Familienfreizeiten der Gemeinde teilnimmt, hat sie sich angewöhnt, mit ihnen vor dem Essen zu Hause ein kurzes Gebet zu sprechen. Das hat was. Heute hat sie Freundinnen und Nachbarn abends zu ihrem Geburtstagsessen eingeladen, ihre Kinder sitzen auch mit am Tisch. Ein Toast in die Runde, der mit Lachen und Glückwünschen beantwortet wird, dann geht es los. Die Kinder wissen: Heute ist kein Gebet. Es sind ja Leute da. Frau K. ist heute auch mit von der Partie. Fromm würde sie sich auch nicht nennen, eher kirchlich normal. Doch wie schon im vergangenen Jahr macht sie gerade „Sieben-Wochen-ohne", eher traditionell: kein Alkohol, nichts Süßes. Und das sagt sie auch so in die Runde. Ein bisschen Bedauern, auch ein wenig Neid der Anderen ist zu spüren. Respekt! Sofort ergibt sich ein angeregtes Gespräch: Hat das einen Grund, wie ist das so? Frank und frei erzählt Frau K. von ihren persönlichen Erfahrungen. Und auch da-

> von, dass sie sich mit zwei Anderen abgesprochen hat, mit denen sie sich regelmäßig austauscht. Beim Nachtisch, es gibt Tiramisu, sind einige der anderen doch froh, dass sie selbst nicht fasten.

Das Geburtstagsessen in geselliger Runde ist ein unspektakuläres Ereignis, eine solche private Einladung ist – wenn auch nicht unbedingt in pandemischen Zeiten – gang und gäbe. Zumeist kommt eine solche Feier ohne religiöse Zutaten aus; gelegentlich wird in manchen Kreisen ein „Viel Glück und viel Segen ..." angestimmt; das ist in dieser Szene nicht zu hören. Gleichwohl geht es, vermutlich neben vielem anderen, auch um zwei klassisch religiöse Handlungen: das gemeinschaftliche Gebet und das individuelle Fasten. Religion kommt hier als Praxis im Sinne eines *Tuns* in den Blick. Dieses ist mit Einstellungen und Überzeugungen hinterlegt, das Augenmerk gilt hier aber zunächst den beiden Praktiken als Handlungen, vorrangig wiederum dem Beten. Dazu vier Erwägungen:

Dass das gemeinschaftliche Tischgebet an diesem Abend (bewusst) nicht praktiziert wird, verweist erstens darauf, dass es ein religiöses Verhalten darstellt, das immer schon sozial situiert ist: Es gehört offenbar in den familiären Kontext. Genauer müsste man sagen: Durch das Gebet als regelmäßigem kommunikativen Akt wird das übliche Abendessen zu einer spezifischen Form der familiären Gemeinschaft. Das gemeinschaftliche Beten ist somit ein Element des *doing family*, mithin einer Praxis, durch die Familie symbolisch ‚erzeugt' wird, in dem sie zur Darstellung kommt.[61] Dies wird in dieser Szene gerade dadurch deutlich, dass in der nichtfamiliären Festsituation das Gebet unter den Tisch fällt und auch die Kinder dies mitvollziehen können, weil auch sie es mit dem exklusiven Kreis ihrer Familie verbinden. Als vergemeinschaftende Praxis hat Beten – wie Frömmigkeit insgesamt – immer auch mit Teilhabe als Zugehörigkeit zu tun. Als Familienritual markiert es die Grenze des familiären Systems, es hat damit sowohl eine inkludierende wie eine exkludierende Seite: Der ausschließende Aspekt kommt hinterrücks zur Geltung, wenn es unterlassen wird, weil

„Leute" anwesend sind, die nicht dazugehören; der einschließende, wenn womöglich auch dann das Gebet gesprochen wird, wenn die Großeltern da sind. Und bei weiteren Familienangehörigen wäre das kleine Ritual die Probe aufs Exempel, wie weit die Familienkonstruktion reicht.

Zweitens hat das Tischgebet nicht nur eine signifikante Bedeutung als vorangestellter Dank, es hat im Blick auf die Modulation der abendlichen Situation einen transitorischen Charakter. Nachdem die (individuellen) Vorbereitungen abgeschlossen sind, sitzt man nun gemeinsam am Tisch und eröffnet im Beten das gemeinschaftliche Essen mit all dem, was sich damit verbindet. Damit gestaltet es einen Übergang und hat eine transformatorische Wirkung, in der die Versammelten zu einer familiären *communitas* werden, die zusammen ‚isst und trinkt'.[62] Das Beten zu Beginn des Essens ist damit religiöser Brückenkopf und Teil einer leiblichen sozialen Praxis.

Die (Minderheiten-)Praxis des Tischgebets vor dem Essen ist als Familienritual drittens ein Element des privaten Christentums, das sich als eigenständige Form neben dem kirchlichen Christentum in der Lebenswelt der Moderne etabliert hat.[63] Allerdings ist in diesem Fall die Trennlinie durchlässig, denn die familiäre Praxis nimmt Impulse aus dem kirchlichen Leben auf; Frau P. kommt aufs Beten, nachdem sie an gemeindlichen Freizeiten mit ihrer Familie teilgenommen hat. Nicht selten besteht zwischen kirchlichem Handeln und sich einlebender privater Praxis eine Wechselwirkung, auch wenn es sich um unterschiedliche lebensweltliche Orte des Religiösen handelt. Beten und auch Fasten stammen aus dem religiösen Formbestand des Christentums, die heutige Praxis hat Tradition. Insofern sind es Praktiken, die das religiöse Subjekt nicht selbst hervorbringt. Gleichwohl handelt es sich in der Szene nicht um eine Weiterführung traditionaler Religionspraktiken, die sich von selbst verstehen. Frau P. betet mit ihren Kindern nicht, weil es sich so gehört, und Frau K. fastet nicht, weil man es eben so macht, sondern weil beide es so wollen. Fasten und Beten sind persönlich motivierte Handlungen. Dies gilt für spätmoderne Frömmigkeit insgesamt: Sie wird nicht mehr durch verbindliche Traditionen autorisiert, sondern muss sich *ad personam authentifizieren und plausibilisieren*. Wo sie den Subjekten einsichtig ist und als bedeutungsvoll erscheint, was sie da tun, kann sich dann die eigene Praxis verfestigen und verstetigen; muss dies aber nicht und kann womöglich auch wieder verblassen. Auch wo es als eingeübtes Ritual regelmäßig praktiziert wird, ist das Beten optional, eine ‚unter Umständen' verwirklichte Möglichkeit.

Viertens springt aber auch ins Auge, dass der Umgang mit dem Beten und dem Fasten sehr unterschiedlich ausfällt: Das eine wird ausgiebig zum Thema gemacht, das andere geschieht bewusst privatissime. Über das Fasten, über das, nicht nur in dieser Geburtstagsrunde, freimütig gesprochen werden kann, soll an späterer Stelle noch einmal genauer nachgedacht werden. Was ist im Blick auf das Gebet anders? Persönlich zu beten erscheint nicht erst in der Gegenwart als Inbegriff von Intimität; man zeigt es nicht vor Fremden. Insofern bedarf es – dies kommt hier durch Unterlassung zum Tragen – einer Art (alltags-)kulturellen ‚Sichtschutzes' für die Situation des Betens. Dies gilt im Übrigen auch dort, wo es, wie im Gottesdienst, im öffentlichen Raum praktiziert wird. Auch beim gemeinsamen Gebet in der Kirche gilt, dass man einander nicht direkt anschaut; das Vaterunser wird in einer ‚Augenwinkelkommunikation' gesprochen, die anderen sind an den Rändern des eigenen Sichtfeldes da, aber nicht im Blick. Für das private Gebet gilt diese Diskretion umso mehr, bereits die biblische Überlieferung schärft ein: „Wenn du aber betest, so geh in dein Kämmerlein und schließ die Tür zu und bete zu deinem Vater, der im Verborgenen ist." (Mt 6,6) Diese Verschwiegenheitspflicht sichert, dass Beten nicht zu einem demonstrativen Akt wird. Der Sichtschutz ist jedoch vor allem ein Schamschutz: Man muss sich als Einzelne oder hier als Familie vor anderen nicht *so* zeigen, wie man sich im Gebet zeigt.[64] Im Beten artikuliert sich ein Selbst vor Gott, welches sich als bedürftig erlebt und als angewiesen weiß. Dass es die Betenden nicht selbst in der Hand haben, kommt im Dank- ebenso wie im

Bittgebet oder der Klage zum Ausdruck. Damit rührt das Beten aber an einem der Grundsätze des modernen Menschen: der Autonomie. Das Beten – auch das sich verbergende familiäre Tischgebet – führt über das tätige Subjektsein hinaus, es wendet sich an ein transzendentes Du und setzt sich bewusst und gewollt einer anderen Wirklichkeitsmacht aus. Beten ist in der Moderne keine leichte Übung. So überrascht es eher, dass offenbar auch heute eine Mehrheit von Christinnen und Christen dann und wann ein persönliches Gebet spricht. In dieser Weise religiös zu agieren, scheint ihnen durchaus evident zu sein, auch wenn sie dies lieber verbergen, weil es angesichts gesellschaftlicher Zuschreibungen und kultureller Selbstbilder im Blick auf die eigene Person nicht einfach zu plausibilisieren ist.

3. Leitbegriffe zum Verständnis von Frömmigkeit

Die bisherigen Erkundungen sind darauf angelegt, zu zeigen, wo und in welchen Gestalten – hier am Beispiel des Betens aufgespürt – uns heute eine Praxis der Frömmigkeit in ihren lebensweltlichen Zusammenhängen begegnet. Sie geben in den verschiedenen Szenen unterschiedliche Facetten des Phänomens zu erkennen. Dabei ist die Zugangsweise und sind die Wahrnehmungen sowie die Deutungen mit theoretischen Referenzen hinterlegt, die sich aus aktuellen wissenschaftlichen Diskursen speisen. Als Sehhilfen fungieren insbesondere drei theoretische Ansätze aus den Sozialwissenschaften bzw. der Sozialphilosophie, die derzeit praktisch-theologisch rezipiert und hier herangezogen werden, um spätmoderne Frömmigkeit zu verstehen: Sie kann als Selbstformung, als Resonanzgeschehen und als Ensemble von Praktiken begriffen werden. Mit diesen Stichworten lassen sich m. E. grundlegende Dimensionen von Frömmigkeit fassen und genauer bestimmen. Dies soll im Folgenden in knappen Strichen geschehen.

(1) Frömmigkeit als Selbstformung

Wer betet, tut nicht nur etwas, im Beten geschieht auch etwas mit der Person, die betet. Beten hat *nolens volens* immer auch einen selbstbezüglichen Aspekt, es formt – als subjektive Tätigkeit und persönliche Haltung – das Selbst. Dies gilt in verwandter Weise auch für andere Praxen der Frömmigkeit, etwa Fasten, Pilgern oder Singen. Roland Kipke hat, zunächst in einem allgemeinen Sinne und unabhängig von genuin religiösen Praktiken, den Begriff der „Selbstformung" geprägt.[65] Mit ihm kennzeichnet er Handlungen, durch die eine Person auf ihre eigenen „Fähigkeiten, Haltungen, grundlegenden Überzeugungen"[66] und ebenso auf ihre

„Gewohnheiten, (...), psychische(n) Befindlichkeiten und Gefühlsneigungen"[67] einwirkt. Anders als bei einer lediglich medizinisch induzierten Selbstfürsorge oder einer rein körperlichen Selbstgestaltung zielt Selbstformung auf die mentalen „Dispositionen der Persönlichkeit"[68], mithin auf das Denken, Fühlen und Wollen der eigenen Person. Diese sollen durch selbständige Aktivitäten und durch bewusstes Bemühen möglichst nachhaltig verändert und geformt werden.

Kipke versucht mit dem Terminus der Selbstformung die Kultur gegenwärtiger Praktiken wie Achtsamkeitsübungen oder Selbstcoaching in den Blick zu bekommen, aber ebenso auch sportliche Aktivitäten oder ein bestimmtes Ernährungsverhalten, insofern es das „Selbstbild" einer Person berührt und mit einem „Selbstentwurf" der eigenen Persönlichkeit verbunden ist.[69] Er spricht von „Selbstformungsprojekten", wenn sich die Verhaltensweisen „nicht in singulären Handlungen" erschöpfen, sondern in „wiederholter Übung" bestehen und auf dauerhafte Veränderungen des Selbst abzielen.[70] Mitgedacht ist bei ihm einerseits, dass im Prozess der Selbstformung eine Person intentional agiert, sie also bewusst an sich selbst arbeitet. Und andererseits, dass sich das handelnde Subjekt als „Urheberin"[71] ihrer Selbstformung sieht, mithin als autonom erlebt, auch wenn die Praktiken keineswegs von ihr selbst erfunden sind und womöglich unter der „Führung von anderen"[72], etwa in einer Gruppe, erfolgen. Kipke entfaltet seine Theorie im Rahmen einer Ethik der Lebensführung. Sie ist für ihn Baustein für ein zeitgenössisches ‚Projekt des guten Lebens'. Seine Pointe besteht darin, Selbstformung positiv zu verstehen, weil sie mit ihrer „gesteigerten Selbstaufmerksamkeit" zugleich ein Moment freiheitlicher „Selbststeuerung" darstellt.[73] Er setzt sich damit bewusst gegen die durchweg kritische Rede von ‚Selbstoptimierung' ab, die in den aktuellen Praktiken des Selbst die Systemimperative einer Leistungsgesellschaft am Werk sieht, durch die die Subjekte fremdbestimmt sind.[74] ‚Besser werden' – so der Titel seiner Abhandlung – bezeichnet für Kipke die ethische Möglichkeit einer eigenverantwortlichen Selbstverbesserung.

Nun liegt es nahe, auch individuelle Praktiken mit religiösen Signaturen unter dem Vorzeichen von Selbstformung wahrzunehmen. Roland Kipke führt in seinen Überlegungen verschiedentlich das Meditieren an. Plausibel erscheint, den Bezug auf sich selbst und damit die mentale Formung der eigenen Person als eine Dimension von Frömmigkeit auszumachen. Beten, Fasten oder Pilgern ist ein praktisches Selbstverhältnis in Gestalt individualisierender Handlungen: Im Beten moduliere ich mein Selbst als dankbare, bittende oder klagende Person, im Pilgern gestalte ich mich als ein Ich, das lebensgeschichtlich unterwegs ist. Frömmigkeit ist in diesem Sinne (Ein)Übung eines konkreten und sich in diesen Verhaltensweisen bestimmenden Subjekts. Aus praktisch-theologischer Sicht ist das Konzept jedoch an vier Stellen zu variieren, zurückzunehmen und zu überschreiten, um damit auch die religiösen Praktiken der Frömmigkeit kennzeichnen zu können: Erstens lassen sich Frömmigkeitspraktiken als freie und durchaus absichtsvolle Handlungen, religiös aber nicht hinreichend als intentionale Selbstformung beschreiben. Ich bete vielmehr, weil mir etwas auf dem Herzen liegt, und ich faste, um eine intensivierte Erfahrung zu machen. In beiden Praktiken forme ich auch mein Selbst, aber dies ist nicht das vorrangige Motiv und die vornehmliche Intention. Zweitens sind Praktiken der Frömmigkeit potentiell darauf angelegt, wiederholt zu werden, sie können eingeübt und regelmäßig ausgeführt werden. Sie müssen dies jedoch nicht, denn für sich genommen haben sie als religiöse Praktiken den Charakter von Unterbrechungen; sie sind – als Stoßgebet, als punktuelle Auszeit, als Gelegenheitsreligiosität – in der Spätmoderne nicht selten situationsgebunden. Drittens liegen religiösen Praktiken die Erfahrung und Vorstellung zugrunde, dass sich das Selbst nicht selbst zu erzeugen vermag, es ist eben nicht – und dies kommt in der Frömmigkeit zum Ausdruck – Produkt seiner bewussten Selbstformungspraxis und wird auch nicht durch eigene Tätigkeit mit sich eins. Es ist anderes und mehr als das, was es aus sich macht und zu machen vermag. Viertens schließlich überschreitet das Subjekt in den religiösen Selbstformungspraktiken der Frömmigkeit zugleich das eigene Selbst, es macht in ihnen „Erfahrungen der Selbsttranszendenz"[75]. Das Beten, Fasten oder Pilgern führt zu sich selbst und zugleich über sich selbst hinaus.

(2) Frömmigkeit als Resonanzgeschehen

Wer betet, formt nicht nur sein Selbst, im Beten bezieht sich eine Person auch auf ein Gegenüber, mithin auf etwas, was außerhalb ihrer selbst liegt. Dies passiert auch, wenn jemand auf den Klang von Glocken hört, eine Engelfigur in die Hand nimmt oder mit anderen zusammen singt. In diesen und allen anderen ihrer Handlungen treten Personen in Beziehung zu der Wirklichkeit, die sie vorfinden, gestalten, erleben und die ihnen widerfährt. Hartmut Rosa hat das Weltverhältnis des Menschen aus der Metapher der „Resonanz" heraus entfaltet.[76] Resonanz ist für ihn Signum einer gelingenden Weltbeziehung, die sich dort einstellt, wo das Subjekt das, was ihm als Welt gegenübertritt, nicht ignoriert, abwehrt oder zu beherrschen trachtet, sondern sich ansprechen lässt und „in Eigenschwingungen"[77] versetzt wird. Resonanz ist also „kein Gefühlszustand, sondern ein Beziehungsmodus"[78]. Rosa geht davon aus, dass ein „Resonanzverlangen", d. h., das Bedürfnis, die Welt als ‚antwortend' zu erfahren, die „zentrale energetische Quelle menschlichen Handelns"[79] darstellt. Dabei ist eine Resonanzerfahrung durch vier Momente gekennzeichnet: Erstens erleben Menschen, dass sie von einem anderen (einer Sache, einem Menschen, einer anderen Wirklichkeit) „‚inwendig' erreicht, berührt oder bewegt"[80] werden. Zweitens gehört zur Resonanzerfahrung, dass auf diese „Anrufung" eine „eigene, aktive Antwort erfolgt", sodass sich das Subjekt in dieser Beziehung auch als selbstwirksam erlebt.[81] Drittens führt Begegnung (mit einem Musikstück, einer Landschaft, einem Bibelwort), so sie Resonanz in uns auslöst, dazu, dass wir uns verwandeln. Diese „Anverwandlung" mag ein flüchtiger Moment sein, in dem eine Person für einen Augenblick innerlich anders gestimmt ist, kann aber auch nachhaltig wirken, sodass sich ihr Leben verändert.[82] Schließlich zeichnet eine Resonanzerfahrung aus, dass sie nicht instrumentell herzustellen ist; ob und wie sich einstellt, bleibt unverfügbar. Es mag kommunikative Situationen und eine subjektive Bereitschaft geben, die sie begünstigen (oder umgekehrt auch: unterbinden), sie ist aber nicht zu erzwingen. Unverfügbar ist auch, woraufhin eine Resonanzerfahrung einen Menschen verwandelt; sie ist „konstitutiv ergebnisoffen".[83] Resonante Beziehungen sind somit ein bestimmter Umgang mit der Welt und dem Selbst, sie changieren zwischen einer aktiven Handlung und einem passiven Erleben. Beten etwa ist ein Akt, den ein Subjekt ausführt, und zugleich ein Geschehen, indem ihm ‚etwas' widerfährt.

Nun beschreibt Hartmut Rosa in seinen Überlegungen unterschiedliche „Resonanzachsen", die von der Familie über Politik und Arbeit bis hin zum Sport das gesellschaftliche und kulturelle Leben durchziehen.[84] Neben den Sphären der Natur, Kunst und Geschichte steht insbesondere der Bereich der Religion für die „vertikale Dimension" von Resonanzerfahrungen, in der ein „Gegenüber als über das Individuum hinausgehend erfahren wird" und „gewissermaßen die Welt selbst eine Stimme (erhält)".[85] In religiösen Praktiken, der Frömmigkeit, wird nach Rosa die „Idee" erfahrbar gemacht, dass in meinem Dasein die Welt als etwas erlebbar wird, was mir antwortet und mir entgegenkommt: „Gott ist dann im Grunde die Vorstellung einer antwortenden Welt."[86] Dem Beten und ebenso den anderen Formen der Frömmigkeit liegt das Bedürfnis nach einer „Tiefenresonanz"[87] zugrunde; Religion ist das Versprechen, Religiosität die Sehnsucht und das Erleben, ‚ergriffen' zu werden. Rosa rückt mit seiner Gesellschaftstheorie, in der er die Metapher der Resonanz als kritisches Gegenprinzip zu Erfahrungen der Entfremdung aufbaut, dicht an genuin religiöse Motive heran, die er in soziologische Deutungen überführt.[88] Diese sind wiederum praktisch-theologisch anschlussfähig und für die Wahrnehmung und Bestimmung von Frömmigkeit hilfreich: Frömmigkeit ist religiös als ein Resonanzgeschehen begreifbar, in der Erfahrungen Gestalt gewinnen, von einem Gegenüber angesprochen und von einer anderen Wirklichkeit affiziert zu werden. Wenn Rosa eine resonante Beziehung (zur Welt insgesamt, zu anderen Menschen und auch zu sich selbst) als „Hören und Antworten"[89] kennzeichnet, dann verwendet er vermutlich nicht zufällig eine Grundfigur (protestantischer) Theologie. In praktisch-theologischer Lesart und im Blick auf das, was Frömmigkeit ausmacht, sind jedoch drei Aspekte des Resonanz-Theorems anders zu fassen oder zu akzentuieren: Bei Rosa wird erstens der Begriff der Resonanz der Welt insgesamt unterlegt; sie erscheint selbst als eine ‚antwortende Welt'. Im Gegenzug zu einer solchen ‚Weltfrömmigkeit' bringen religiöse Frömmigkeitspraktiken eine Unterscheidung zur Geltung: das, was anspricht und lebendig macht, ist nicht die Welt selbst, sondern deren transzendenter Grund. Zweitens ist der Resonanzbegriff bei Rosa durchweg positiv bestimmt; Welt, Natur und Sozialität haben, so sie Resonanz erzeugen, einen ‚einnehmenden' Charakter, sodass die „Welt als antwortend, atmend, tragend, wohlwollend oder sogar gütig erscheint"[90]. Demgegenüber gehört zum religiösen Erleben und zur theologischen Deutung von Wirklichkeit auch deren negative Seite; Frömmigkeit speist sich auch aus Erfahrungen, dass sich dort, wo sich die Welt verschließt, auch deren Grund unzugänglich erscheint und von ihnen abgewandt ist. Für Rosa ist drittens In-Resonanz-Sein (mit der Welt und mit sich selbst) Inbegriff des erfüllten Lebens. Religion und die Praktiken der Frömmigkeit sind aber ebenso auch Unterbrechungen von Resonanzen, denen Menschen ausgesetzt sind; sie haben ein Moment des Rückzugs aus welthaften Dauerresonanzen und ein Moment der Selbstvergessenheit.[91] Womöglich ist Frömmigkeit als ein spezifisches Resonanzgeschehen zugleich auch ein Refugium vor überangeregter und überangestrengter Lebendigkeit und in dieser Weise ein Schonraum.

(3) Frömmigkeit als Ensemble von Praktiken

Wer betet, bezieht sich nicht nur auf ein Gegenüber, Beten ist als Tun auch eine Praxis. Dies gilt auch für andere Formen der Frömmigkeit, wenn sich Menschen auf einen Pilgerweg machen oder fasten. In den vergangenen Jahren wurden in der Soziologie verschiedene praxistheoretische Theorien ausgearbeitet. Ihren Ansatzpunkt bildet die Vorstellung, dass soziale Wirklichkeit durch „soziale Praktiken"[92] hervorgebracht wird und Kultur als ein „Ensemble von Praktiken"[93] verstanden werden kann. Im Fokus des Interesses stehen somit signifikante Verhaltensweisen von Menschen in konkreten Situationen: beim Besuch eines Fußballstadions, im Verwaltungsbüro einer Sozialbehörde oder auch bei der Teilnahme an einem Gottesdienst[94]. Was soziale und kulturelle Wirklichkeit ausmacht und bestimmt, wird anhand von Einzelszenarien erkundet: In der Haltung und in den Bewegungen der Akteurinnen, in der Kommunikation und Interaktion der Beteiligten miteinander, in den räumlichen Arrangements, den Gesten der Teilnehmenden und ihren sprachlichen Äußerungen – all dies formt sich zu einem Handlungszusammenhang, der den Sinn und die Bedeutung des Geschehens aufbaut und in sich trägt. Diese Zugangs- und Anschauungsweise, die sich an den einzelnen Phänomenen und ihrer Typik orientiert, lässt sich auch praktisch-theologisch aufnehmen. So kann, wie Julia Koll gezeigt hat, beispielsweise das Musizieren eines kirchlichen Posaunenchors unter diesen Vorzeichen als eine „sozioreligiöse Praxis" erschlossen und verstanden werden.[95] Will man im Horizont der Praxistheorie Frömmigkeit in den Blick nehmen, so sind verschiedene Merkmale sozialer Praktiken von Belang: Erstens beruht der Begriff der Praktiken darauf, dass die Handelnden leiblich involviert sind, die Verhaltensweisen sind in der Regel (auch) mit körperlichen Aktivitäten und Erfahrungen verknüpft. Beim Tischgebet sitzt man zusammen, beim gottesdienstlichen Vaterunser steht man auf und beim

Meditieren schließt man die Augen. Zweitens sind soziale Praktiken typisierte Verhaltensweisen, sie sind in der Regel keine ad hoc erfundenen Spontanaktionen. Dies bedeutet keineswegs, dass sie nicht individuell gestaltet sein können, aber sie sind – auch wenn sie variiert oder transformiert werden – regelhaft und geordnet. Für ‚gewöhnlich' unterbricht das Gebet das geschäftige Leben und manifestiert sich auch in einer Körperhaltung; Pilgern erfolgt in fußläufiger Geschwindigkeit und Fasten hat einen bestimmten zeitlichen Rhythmus. Dies hängt drittens damit zusammen, dass in der Teilhabe an einer sozialen Praktik ein praktisches Wissen geteilt wird; man muss wissen, wie es geht oder es sich abschauen bzw. dazu angeleitet werden. Zugleich wohnen sozialen Praktiken Sinnbedeutungen inne, religiöse Praktiken haben eine symbolische Dimension, die in ihnen und durch sie zum Ausdruck und zur Geltung kommt. Indem ich die Hände falte, werde ich zu einem passiven Akteur und wenn ich die Augen schließe, wende ich mich nach innen. Viertens können sich Praktiken und ihre Sinnbedeutung in Gegenständen materialisieren. Die auf dem Adventskranz entzündete Kerze ist als Leuchtmittel Element einer vorweihnachtlichen Praxis und gewinnt in ihr ihren Bedeutungs- und Richtungssinn. Fünftens schließlich „affizieren"[96] religiös-soziale Praktiken die Beteiligten, d. h. sie rufen Affekte, mithin Empfindungen oder eine Gestimmtheit des Gefühls hervor. Die Mithandelnden können emotional eingenommen werden und bringen – etwa, wenn sie in ein Loblied oder Dankgebet einstimmen – womöglich nicht (nur) ihre ‚eigenen' Gefühle zum Ausdruck, sondern treten in eine „affektuelle Ordnung"[97] ein, die ihre persönlichen Empfindungen umrahmt oder transformiert.

Praktiken der Frömmigkeit sind je für sich gesehen einzelne Handlungen, sie bilden zusammen ein Ensemble religiöser Handlungsweisen, Erfahrungen und Deutungen. Dieses Ensemble ist heute – ungeachtet kirchlicher Vorgaben – lebensweltlich weder kanonisiert noch verpflichtend. Man kann dieses tun und jenes lassen, manches regelmäßig, anderes gelegentlich. Versteht man

Frömmigkeit als religiös-soziale Praktik, dann ist damit keineswegs gesagt, dass sie immer in gemeinschaftlicher Form stattfindet, ihre Sozialität „hängt (…) nicht an einer etwaigen interaktiven Struktur"[98]. Auch wo Frömmigkeit, wie in einem Tischgebet, gemeinsam ausgeübt wird, sind die Familienmitglieder in subjektiver Weise daran beteiligt; die Mutter mag ins gemeinsame Gebet andere Erfahrungen und Gefühle eintragen als ihre Töchter. Dies gilt umso mehr, wenn es sich um individualisierte Praktiken der Frömmigkeit handelt; beim touristischen Besuch in einer Kirche kann jemand auch ganz für sich eine Kerze entzünden und ihren Pilgerweg geht eine womöglich alleine. Gleichwohl lassen sich auch solche individualisierten Formen unter dem Begriff der ‚sozialen Praktiken' subsummieren, denn auch sie speisen sich aus dem Reservoir religionskulturell geprägter Handlungen. Ihre religiöse Dimension – dies ist die praktisch-theologische Pointe im Blick auf das Verständnis von Frömmigkeit – liegt dabei nicht primär in den Motiven oder Überzeugungen, die die Subjekte mitbringen, sondern im Sinngehalt der Praktiken, an denen die Subjekte partizipieren.[99] Die Praktiken ermöglichen den Einzelnen, in und durch sie religiös deutbare „individuelle Erfahrungen" zu machen, die als solche nicht selten erst im Nachgang bewusst werden. Kurzum: Es sind die Praktiken der Frömmigkeit selbst, die ‚im Vollzug' – von den Subjekten vielleicht eher geahnt und gespürt als reflektiert[100] – in religiöser Hinsicht sinnbildend und bedeutungsvoll wirken.

Auch hier ein kurzer Zwischenhalt: Die herangezogenen drei Ansätze aus dem Bereich der Sozialwissenschaften fügen sich nicht zu einer einlinigen Theorie der Frömmigkeit zusammen, dies war auch nicht das Anliegen. Sie markieren aber *Zugangsweisen* und bilden *Referenzen*, um spätmoderne Frömmigkeit praktisch-theologisch wahrnehmen und genauer bestimmen zu können. Sie beschreiben religiöse Praxis in ihrer Dimension als Selbstformung, in der sich ein Selbst überschreitet, als ein Geschehen, in dem Wirklichkeit in Resonanz erlebt und gestaltet wird, sowie als ein Ensemble sozialer Praktiken, die religiöse Erfahrungen ermöglichen. Diese Aspekte leiten auch die folgenden Erkundungen an.

III. Erkundungen
Phänomene und Gestalten gegenwärtiger Frömmigkeit

1. Die Gegenständlichkeit des Religiösen

> Jennifer, die Tagesmutter, trägt die kleine Engelfigur, die sie als Geschenk erhalten hat, am Schlüsselbund immer bei sich. Den darf sie tunlichst nicht vergessen oder gar verlieren; nicht nur wegen der Schlüssel. Charlotte zündet eine Kerze an, wenn sie als Touristin eine Kirche betritt. Das macht sie seit Jahren so, auch wenn sie nicht katholisch ist; es ist immer ein besonderer Moment. Und Mirko war unglaublich angespannt, als er zwischenzeitlich seinen Trauring verlegt hatte. Er mag sich gar nicht ausdenken, was es bedeutet hätte, ihn nicht wiederzufinden. Und das hat wenig damit zu tun, dass er recht teuer war.

Jüngere Beiträge in den Kultur- und Sozialwissenschaften haben den Blick auf die *Dinge* gelenkt.[101] In der Wendung hin zu einer materiellen Kulturforschung werden die Beschaffenheit, der Gebrauch und die Bedeutung von Gegenständen erkundet, sie sind die „materielle Seite"[102] des sozialen Lebens und der kulturellen Praxis. Dinge sind bedeutsam, denn sie sind „materiale Bestandteile der Praktiken"[103] und prägen das, was geschieht, als Sinnträger mit. Kulturwissenschaftlich geht es derzeit zur Sache. Mittlerweile ist auch die Praktische Theologie auf die Bedeutung von Gegenständen aufmerksam geworden; sie hat begonnen, sich mit Objekten bzw. mit von Menschen hergestellten Artefakten zu beschäftigen.[104]

Die Rede von einer „Dingbedeutsamkeit" (Karl-Sigismund Kramer) religiöser Objekte klingt für eine evangelische Praktische

Theologie befremdlich, wenn sie mit der Vorstellung einer dinglichen Sakralität von Gegenständen verknüpft wird. Ein Andachtsbild ist als solches genauso wenig ein ‚heiliger' Gegenstand wie ein Kreuz als Schmuckanhänger oder die Kerze auf dem Altar. Hinzu kommt, dass nach protestantischem Verständnis Glaube im Inneren des Menschen verortet wird und deshalb traditionelle Volksfrömmigkeitspraktiken, die mit Gegenständen verbunden waren, häufig als lediglich äußerliche Handlungen bewertet und auch kritisiert wurden. Nun bestimmt aber eine Theorie materieller Kultur die Bedeutung der Objekte nicht als deren substanzhafte Eigenschaft, sondern als „eine Dimension der Dinge, die sich aus bestimmten Kontexten, also aus dem Umgang mit den Dingen erschließt"[105]. Bedeutung wird den Gegenständen in der kulturellen und religiösen Praxis zu- und eingeschrieben. Dies schließt mit ein, dass die Dinge – sowohl in ihrer Wahrnehmung wie in ihrem Gebrauch – die Bedeutung, die ihnen die Akteurinnen beilegen, selbst evozieren: Die Kerze, die auf dem Adventskranz entzündet wird, erzeugt eine andere Gestimmtheit und konfiguriert einen anderen Sinn als der Lichtschalter, der betätigt wird. Die Bedeutung von religiösen Dingen gründet zudem darin, dass sie als Gegenstände in Narrationen und Erinnerungen eingewoben sind, die sie immer wieder wachrufen können: Die Engelfigur am Schlüsselbund vergegenwärtigt, dass sie als Gabe zugeeignet wurde; gegebenenfalls gewinnt sie mit der Zeit eine eigene „Dingbiographie"[106], wenn sich mit ihr weitere Ereignisse verknüpfen. Durch die Geschichte mit einem konkreten Gegenstand bekommt dieser eine besondere Bedeutung, die sich in einer emotionalen Bindung an ihn manifestiert.

In der Volksfrömmigkeit spielten religiöse Dinge traditionell eine hervorgehobene Rolle, in ihnen materialisierte sich, was ehemals Volksglauben genannt wurde. Auch in der popularen Religiosität der Gegenwart sind Gegenstände relevant: die Trauringe und ein ererbter Talisman, die Familienbibel oder der Christbaum. Ihre Bedeutung bestimmt sich durch die Praktiken und Deutungen der Subjekte, die individuell geprägt und auf persönliche Erfahrungen bezogen sind, aber an gemeinsamen Sinnzuschreibungen und an einer kollektiven (religions-)kulturellen Praxis teilhaben. So sind heute Engelfiguren, Kerzen oder Kreuze Dinge, die in der privaten Religiosität ihren Platz haben, zugleich sind es auch Elemente der kirchlich-institutionalisierten Religion. Wo sie jenseits kirchlicher Praxis auftauchen, sind sie für Menschen religiös dann bedeutsam, wenn sie als Symboliken lebensweltlich Sinn ergeben. Was hat es mit ihnen auf sich?

(1) Engelfiguren

a) Zur zeitgenössischen Wahrnehmung von Engeln

Engel sind allgegenwärtig. Empirische Befragungen in den vergangenen zwei Jahrzehnten zeigen, dass viele Zeitgenossinnen und Zeitgenossen von der Existenz und Wirkkraft von Engelwesen überzeugt sind. Nun sind die vorliegenden Ergebnisse wissenschaftlich kaum valide auszuwerten und variieren in den Zustimmungsanteilen zum Teil erheblich: Zwischen knapp einem bis zu zwei Dritteln der repräsentativ befragten Deutschen geben an, an Engel zu glauben, wobei sich die Fragen in den Studien zum Teil dezidiert auf Schutzengelvorstellungen konzentrieren.[107] In den Befunden wird deutlich, dass Engelvorstellungen und auch -erfahrungen heute weit verbreitet sind, gerade im Vergleich zu erheblich geringeren Zustimmungsraten bei anderen religiösen Aussagen: Auf die Hilfe durch einen persönlichen Schutzengel vertrauen erheblich mehr Evangelische hierzulande als daran glauben, dass Gott sie wie ein Vater durchs Leben geleitet.[108] Erkennbar ist, dass signifikant mehr Frauen als Männer den Engelglauben teilen, wobei die Zustimmung sich über die verschiedenen Altersstufen gleichmäßig verteilt.

Kulturell sind das Motiv und die Gestalt des Engels in Filmen, der Werbung und der Popmusik weit verbreitet.[109] Die Spannbreite reicht von Robbie Williams Song „Angel" über Wim Wenders Film

„Himmel über Berlin" bis hin zu den „Gelben Engeln" im Werbeprospekt des ADAC. Auch im Kunstgewerbe und der modernen Kunst sind Engelfiguren vielfältig präsent, Marc Chagalls oder Paul Klees Engel sind als Postkartenmotive populär. Innerhalb der kirchlichen Praxis tauchen Engel aus der biblischen Überlieferung prominent in Kasualsprüchen auf: „Denn er hat seinen Engeln befohlen, dich zu behüten auf allen deinen Wegen" (Psalm 91,11) ist der seit Jahren beliebteste, von den Taufeltern ausgewählte Taufspruch.[110] Der Verkündigungsengel des Weihnachtsevangeliums (Lukas 2,10) begegnet in jedem Krippenspiel zu Heiligabend und im populären Weihnachtslied Martin Luthers „Vom Himmel hoch" (EG 24). Auch in der privaten Frömmigkeit spielen Engel eine wesentliche Rolle. So wird im familiären Abendritual mit Kindern, wenn geprägte Gebete gesprochen werden, häufig auf Engel Bezug genommen. Über den kirchlichen Kreis hinaus wirken die Engel-Bücher des Benediktinermönchs Anselm Grün, der in einem vielfach aufgelegten Inspirationsbüchlein konstatiert: „Jeder Mensch hat einen Engel."[111] Daneben findet sich eine spirituelle Szene, die verschiedene Ausprägungen einer esoterischen ‚Engel-Religion' pflegt.[112]

Die Beobachtungen, die ergänzt werden könnten, zeigen zum einen, dass die religiöse Symbolfigur des Engels zur Vorstellungswelt der Gegenwart gehört[113]; Engel sind gang und gäbe. Zum anderen können viele Zeitgenossinnen und Zeitgenossen mit Engelvorstellungen persönlich etwas anfangen; sie lösen positive Resonanz aus und werden sich zu eigen gemacht.

In der modernen protestantischen Theologie hingegen führen Engel eher ein „Schattendasein"[114] und haben seit der Aufklärungstheologie bis heute „einen besonders schweren Stand"[115]. Gleichwohl sind sie immer wieder Thema, wobei auffällt, dass sie häufig unter Vorbehalt gestellt werden. Bevor Wilfried Härle in seiner Dogmatik, in einem kurzen Abschnitt zu Gottes Wirken, Engel als „Boten Gottes" interpretiert, weist er zunächst auf die „Gefahr" hin, sie mit Gott gleichzusetzen, und fügt die „Warnung" an, sie nicht zu verharmlosen und zu verniedlichen.[116] Unter der Maßgabe der biblischen Überlieferung erscheinen, so Michaela Geiger süffisant, die modernen Engelgestalten geradezu wie „fliegende Helden und himmlische Kuscheltiere"[117]. Und auch in verschiedenen Orientierungshilfen aus dem Bereich der kirchlichen Weltanschauungsstellen wird der gegenwärtige „Engel-Boom" mit „gemischten Gefühlen" wahrgenommen; kritisiert werde, so konstatiert eine religionswissenschaftlichen Arbeit, nicht nur die Kommerzialisierung der Engel, sondern auch deren „Instrumentalisierung [...] für die individuelle Wunscherfüllung".[118] Die kirchlich-theologischen Beiträge changieren zwischen *Abwehr*, *Aufklärung* und *Auslegung* des Engelglaubens, den sie zeitdiagnostisch ein- und theologisch unterordnen.

b) Die Figur des Engels

Engel sind heute nicht nur bildhaft, sondern auch als gegenständliche Engelfiguren präsent. Eine der verbreitetsten Figuren ist der aus Bronze gefertigte Engel des ökumenischen Vereins „Andere Zeiten" aus Hamburg. Der Verein, der der evangelischen Kirche nahesteht, ist auch durch seinen Kalender „Der Andere Advent" und seine Fastenaktion „Sieben Wochen anders leben" bekannt. In den vergangenen zwanzig Jahren hat die Initiative über 1,5 Millionen Exemplare ihres Bronzeengels verkauft.[119] Die Figur gehört in den Bereich des religiösen Kunstgewerbes, d. h. sie wird nach einem künstlerischen Entwurf in Serie hergestellt. Insofern funktioniert sie nicht nach der Logik eines Kunstwerkes als Unikat, sondern nach der des Kunsthandwerkes, bei dem das Zusammenspiel von Material, Gestalt und Gebrauch wesentlich ist. Die Engelfigur wird u. a. von Gemeindepfarrerinnen und Krankenhauspfarrern in größeren Stückzahlen bestellt und ebenso von Privatpersonen erworben. Zum Preis einer Kinokarte erschwinglich wird die Engelfigur häufig zu besonderen kirchlichen und biographischen Anlässen verschenkt; sie fungiert dann als eine *Gabe*, die Anderen zugeeignet wird. In dieser Weise wird der Engel zum gegenständlichen

Element einer Beziehung und zugleich individualisiert: Er verwandelt sich von einem Massenprodukt in einen je besonderen Gegenstand, zu ‚ihrem' oder ‚seinem' Engel. Geschätzt vier Fünftel derjenigen, die als Einzelpersonen einen Engel bestellen, sind Frauen, die ihn allerdings nicht selten auch an Männer verschenken. In dieser Verteilung spiegelt sich nicht nur wider, dass der Engelglaube stärker mit weiblicher Spiritualität assoziiert ist bzw. wird, sondern auch ein Grundzug männlicher Religiosität als ‚indirekter Religiosität', die häufiger durch Vermittlung zustande kommt.

Die Engelfigur selbst[120] ‚materialisiert' einen Engel in matter Bronze. Die Figur wirkt bereits alt, wenn sie neu ist; sie signalisiert, dass Engel gar nicht neu hergestellt, sondern gleichsam aufgefunden werden. Zugleich verändert sich die Figur im häuslichen Gebrauch auch nicht, sie rostet nicht und setzt keine Patina an, wenn sie nicht äußeren Witterungsbedingungen ausgesetzt wird. Sie ist stoßfest und kann kaum entzweibrechen. Engel bleiben, so signalisiert die Figur, wie sie sind, sie altern nicht. Die Bronzefigur ist kein Schmuckstück im engeren Sinne, sondern gehört ihrer Machart nach zur Gattung der sog. „Handschmeichler"; sie ist mit ihrer Größe (7 cm) und ihrem Gewicht (gut 100 Gramm) ein Gegenstand, der in die Hand genommen werden kann und soll. Dabei liegt er in der geschlossenen Hand verborgen und ist, glatt und ohne scharfe Kanten, handfest spürbar. Als schwebende Gestalten sind Engel von Hause aus schwerelos, in ihrer Materialität ist die Bronzefigur massiv, aber mobil. Sie ist allerdings nicht nur ein Mitnahmegegenstand und damit ein möglicher Begleiter unterwegs, sondern zugleich so gestaltet, dass sie aufrecht stehen kann; auf dem Nachttisch, dem Schreibtisch oder im Regal. Sie ist, ähnlich wie Souvenirs, ein religiöser Gegenstand, der einen dauerhaft festen Platz im häuslichen Interieur bekommen kann. Der Engelfigur sind somit unterschiedliche „Affordanzen"[121] eigen, d. h. sie legt von sich aus verschiedene Gebrauchsweisen nahe.

In seiner Gestalt entspricht der Engel seiner klassischen *ikonographischen Figürlichkeit*: Die Figur ist von androgyner Menschengestalt und hat ein menschliches Gesicht; erkennbar sind Mund,

Nase und Augen, wobei der Blick leicht gesenkt ist und eher nach innen geht. Aus der bodenlangen Gewandung schauen zwei stilisierte, nach vorne offene, Hände heraus; zwei angelegte große Flügel, die die Rückseite der Figur bedecken, stehen links und rechts über; sie sind auch von vorne erkennbar. Drei Aspekte lassen sich an der Gegenständlichkeit der Engelfigur erkennen: Durch seinen figürlichen Anthropomorphismus erscheint der Engel als Inbegriff des Menschlichen; er kann all das mitempfinden, was Menschsein ausmacht. Er ist zweitens aber ein Wesen mit Flügeln, mit dem sich ein Engel aus der irdischen Sphäre heraushebt und damit menschliche Erfahrung zu transzendieren vermag. Drittens schließlich verbinden und potenzieren sich in der Gestalt der Engelfigur drei der wirkungsvollsten religiösen Gesten: Mit den erhobenen Händen segnet und/oder betet und/oder wehrt sie Böses ab; in der Figur symbolisieren und materialisieren sich Segen, Gebet und Schutzritus.

Der Bronzeengel gewinnt seine Bedeutung weiterhin durch eine doppelte Kontextualisierung. Den primären lebensweltlichen Kontext bilden biographische Erfahrungsgeschichten mit der Engelfigur, von denen etliche Geschichten zeugen, die den Hamburger Verein erreicht haben und in Lesebüchern zusammen mit literarischen Engeltexten als Begleitlektüre zur Figur veröffentlicht wurden.[122] Sie zeigen durchweg, dass die Bedeutung der Engelfigur lebensgeschichtlich mit Zeiten von Krankheit, Abschied und Tod verbunden ist. Von Seiten des Vereins selbst wird die Figur noch einmal sekundär kontextualisiert, indem sie theologisch interpretiert wird: Jeder Engelfigur, die versandt wird, ist neben einem Psalmwort und einem Gebet auch eine Erläuterung beigelegt, in der darauf abgehoben wird, dass ein Engel „niemals selbst Thema des Glaubens" ist, sondern als Bote „über sich selbst hinaus [auf Gott] weist", und die Engelfigur – hier wechselt der Text in die direkte Anrede – „nichts unmittelbar für Sie bewirken [kann]". Der Beipack ist eine Art Nicht-Gebrauchsanleitung, die verhindern möchte, dass mit ihr etwas verbunden wird, was als problematisch erscheint. Im Hintergrund steht die Wahrnehmung einer Frömmigkeit, die sich kirchlich-theologischen Vorstellungen nicht fügt: Engelfiguren fungieren in der lebensweltlichen Religiosität auch als Talisman bzw. Amulett, mithin als Gegenstände, denen eine bestimmte Wirkung auf das eigene Ergehen zugeschrieben wird. Dabei wird die Anschauung, dass ein bestimmter Gegenstand wie eine bronzene Engelfigur tatsächlich Schutz oder Wohlergehen verbürgt, selten als dezidierter Glaube vertreten. Gewiss weiß das aufgeklärte Bewusstsein, dass das Erhoffte in Dingen versinnbildlicht, aber nicht durch sie gewährleistet wird. Und doch verkörpert es sich in der Figur, es wird darin manifest, d. h. im buchstäblichen Sinne: handgreiflich. Im Umgang mit der Engelgestalt zeigt sich eine Figur spätmoderner Frömmigkeit: Man muss nicht alles glauben, was man glaubt. Und: Womöglich glaubt man dann doch ein Gran mehr, als man glauben kann.

c) Engel in der Schwebe

Nimmt man zeitgenössische Engelvorstellungen und den hier skizzierten Umgang mit Engelfiguren als „Ausdrucksform der populären Spiritualität"[123] ernst, dann geben sie in zweifacher Hinsicht Auskunft über den Charakter spätmoderner Religiosität.

Erstens wird deutlich, dass der heutige Engelglaube gleich mehrfach *oszilliert*. Aus kirchlich-theologischer Sicht erscheint er vage und – gemessen an der Überlieferung – inhaltlich eher unbestimmt. Aus der Perspektive derjenigen jedoch, für die Engelvorstellungen bedeutsam sind, ist ‚ihr' Engel biographisch bestimmt und situativ relevant; er verbindet sich mit konkreten subjektiven Erfahrungen. Auch in ihrer geschlechtlich-anthropomorphen Vorstellung sind Engel mehrdeutig, sie können weiblich, männlich, androgyn und divers gelesen werden. Gleichzeitig changieren Engelfiguren zwischen Dekor und Religiosität, ohne sich auf eine der beiden Lesarten festlegen zu müssen. Engel nötigen nicht zu einem Bekenntnis.

Die Gegenständlichkeit des Religiösen

Im Gebrauch von Engelfiguren konkretisiert und materialisiert sich zweitens der Zugang zu einer transzendenten Wirklichkeit; sie eröffnen als ‚himmlische Wesen' alltagsnah einen Grenzübergang über das hinaus, was irdisches Leben ausmacht. In ihrem Symbolgehalt sind sie als ‚Zwischenwesen' im präzisen Sinne religiöse Vermittlungsgestalten. In ihrer symbolischen Realität verschränken sie nachaufklärerisch „Innen- und Außenwelt"[124], ohne dass man definitiv entscheiden müsste, ob man sie als Ausdruck seelischer Kräfte oder als Figuration transpersonaler geistiger Mächte versteht.[125] Im Kontext spätmoderner Frömmigkeit gründet ihre Bedeutung und Wirkung darin, dass sie – im Gegenzug zu einer vielfach als abstrakt empfundenen Rede von Gott – Göttliches in menschliche Reichweite bringen: Sie transformieren den personalen Glauben an Gott in einen figuralen Glauben an himmlische Kräfte; Engel sind nicht von dieser Welt, aber auch nicht fern im Jenseits, sondern – als Figur sogar handgreiflich – in allernächster Nähe; sie sind nicht allmächtig und alle Wirklichkeit übergreifend, aber tragende Kräfte und Schutzmacht.[126] Engel sind das lebensweltliche Diminutiv, die Verkleinerungsform einer jenseitigen Macht im Diesseits. Die *Depotenzierung des Göttlichen* in Gestalt der Engel ist zugleich ihre *Stärke*; sie halten Religiosität und Dasein in der Schwebe. Im Hintergrund des häufig als Sentimentalisierung der Religion kritisierten Engelglaubens steht die Erfahrung, dass die Welt bedrohlich und das (eigene) Leben gefährdet ist. Als ein Element lebensweltlicher Religiosität sind Engel – so Friedrich Schleiermacher bereits vor fast zweihundert Jahren in seiner Glaubenslehre – bedeutsam, weil sie eine „höhere Bewahrung, sofern sie sich nicht bewusster menschlicher Tätigkeit bedient, [...] versinnlichen"[127].

(2) Kerzen

a) Kerzengebrauch in unterschiedlichen lebensweltlichen Kontexten

Anders als Engelfiguren sind Kerzen keine genuin religiösen Gegenstände, sie begegnen auch in säkularen Zusammenhängen. Gleichwohl verbinden sie sich in besonderer Weise mit heute gelebter Frömmigkeit, sie rühren offenbar an Empfindungen, die religiös konnotiert sind. Kerzen sind heute ein Allerweltsding, sie sind aber keineswegs alltäglich, auch wenn sie zu den geläufigen Gegenständen in alltäglicher Reichweite gehören.[128] Sie sind als Leuchtmittel Gebrauchsdinge, die zugleich in den unterschiedlichen Kontexten, in denen sie verwendet werden, auch eine symbolische Bedeutung haben. Dies gilt für biographische und jahresfestzeitliche Ereignisse; Kerzen haben ihren Ort im privaten und öffentlichen Leben ebenso wie in der kirchlichen Praxis.

So sind sie fester Bestandteil nahezu jeden Kindergeburtstages und versinnbildlichen *biographisch* die Zahl der Lebensjahre; gelegentlich vervollständigt eine Kerze, gleichsam Zitat der Kindheit, als ‚Lebenslicht' auch den Geburtstagstisch von Erwachsenen. Dass und wie individuelle Lebensgeschichte über sich selbst hinausreicht, wird sodann in den ‚Gedächtnislichtern' ansichtig, die ein Element der Trauer- und Erinnerungskultur darstellen. Insbesondere in der katholischen Frömmigkeitstradition ist es Usus, am Allerseelentag Anfang November Grablichter aufzustellen und zu entzünden. Sie kennzeichnen den Friedhofsbesuch als Gedenken und sind für die Hinterbliebenen ein Medium, um sich auf die Verstorbenen zu beziehen und mit ihnen zu kommunizieren. Dabei verbinden die Kerzen auf dem Grab in sich verschiedene symbolische Facetten. Als ‚Seelenlichter' repräsentieren sie die Person der Verstorbenen, die über den Tod hinaus im Horizont des ewigen Lebens existent bleibt. Als Grablichter erhellen sie aber zugleich das

Dunkel des Todes und sind ein Widerschein vom Licht der Ewigkeit. Die Kerze als Einzellicht personalisiert individuelles Leben und das Ensemble der Kerzen vergemeinschaftet es im gemeinsamen Todesgeschick.

Dabei reicht die Verknüpfung von Kerzenlicht und persönlichem Eingedenken weit über den Friedhof hinaus. Außer in gottesdienstlichen Ritualisierungen werden Kerzen mittlerweile auch häufig an Unglücksorten für zu Tode Gekommene aufgestellt. Sie gestalten so einen temporären Erinnerungsort und markieren einen Ort der Trauer um eine Person. Trauerkulturell wirkungsmächtig war und ist der Popsong des britischen Komponisten und Sängers Elton John, den er bei der medial inszenierten Beerdigungsfeier von Lady Diana in den 1990er Jahren vorgetragen hat: „Candle in the Wind"[129]. Er besingt nach deren Unfalltod die englische Prinzessin als „Rose Englands", die in ihrer Kraft und Anmut (grace) dorthin gegangen sei, „wo Leben zerrissen" wurde; nun gehöre sie „dem Himmel" und das ganze Land vermisse „die Flügel ihres Mitgefühls, ihres Erbarmens" (compassion). Die religiöse Diktion des Liedes verbindet sich damit, dass die Person und das Leben der jung verstorbenen Frau im Motiv der Kerze gedeutet werden: „Wie eine Kerze im Wind" habe sie ihr Leben gelebt bis ihre „Flamme erlosch". Elton Johns Song ist nicht nur zu einem immer wieder gewünschten Lied bei Bestattungsfeiern auch hierzulande avanciert, es hat in den vergangenen fünfundzwanzig Jahren in England und darüber hinaus Vorstellungen befördert, Abschiedsfeiern als ‚Celebration of Life' zu gestalten, in denen die (erinnerte) Lebensgeschichte im Fokus steht.

Neben dem Symbolwert in lebensgeschichtlichen Bezügen haben Kerzen auch Bedeutung in *jahresfestzeitlichen Arrangements*. So gehören Kerzen im häuslichen und familiären Leben vor allem zum Interieur der Advents- und Weihnachtszeit; sie sind auf dem Adventskranz und am Christbaum eine der wenigen milieuübergreifenden Gestaltungselemente der heutigen Wohn- und Lebenskultur. Als weihnachtlicher Schmuck sind die Kerzen in die christliche Leitmetaphorik des Lichtes verwoben und versinnbildlichen sie; in ihrer praktischen Verwendung und ihrem Gebrauchswert – als Lichtgeber und Wärmespender – passen sie zu den winterlichen

Tagen und Abenden. Mit Kerzen können aber auch besondere Formen der Geselligkeit akzentuiert werden; zur populären Kultur gehören gerne beworbene Candlelight-Dinner, die ein besonderes Maß an Intimität versprechen, ebenso wie sogenannte Kerzenpartys als gutbesuchte Verkaufsevents im privaten Bereich. Im *öffentlichen Leben* haben Kerzen eine politische Dimension gewonnen, die ‚Lichterketten' der Demonstrationen an den Wendetagen am Ende der DDR wiesen die Friedfertigkeit der Protestierenden aus. Kerzen als offenes Licht in den Händen von Demonstrierenden hatten und haben womöglich eine entwaffnende Wirkung. Sinnenfällig setzt auch die Menschenrechtsorganisation „Amnesty international" in ihrem Emblem die Kerze ins Bild, es zeigt eine mit Stacheldraht umwundene, brennende Kerze als Hoffnungslicht.

Im *kirchlichen Kontext* gehören Kerzen zu den liturgischen Gegenständen, die am häufigsten und an hervorgehobenen Stellen Verwendung finden. Das Entzünden der Osterkerze ist ein Kernritus der österlichen Feier; Taufkerzen sind ein Element der gottesdienstlichen Handlung und der familiären Tauferinnerung; im Gottesdienst am Totensonntag wird zum Gedenken an jeden im vergangenen Jahr Verstorbenen eine Kerze im Rahmen eines Fürbittrituals angezündet. Analog dazu werden auch bei besonderen Trauer- und Gedenkgottesdiensten in der gesellschaftlichen Öffentlichkeit, die anlässlich von Unglücksfällen oder Gewalttaten als sog. ‚Riskante Liturgien' gestaltet werden, in der Regel rituell Kerzen für die Opfer entzündet.[130] Mit den brennenden Altarkerzen wird ein Kirchenraum als ein gottesdienstlicher Raum in actu gekennzeichnet, sie sind ‚Präsenzzeichen' göttlicher Gegenwart. Kerzen sind liturgisch eingespielt, Kirche und Kerze sind ein vertrautes Ensemble. Dies gilt auch für *persönliche Frömmigkeitspraktiken innerhalb von Kirchenräumen*. In den vergangenen Jahren hat es sich auch auf evangelischer Seite eingebürgert, in vielen Kirchen eine Kerzenecke zu gestalten, die Besucherinnen und Besucher in einer individuellen Handlung bestücken. Ulrike Wagner-Rau konstatiert: „Kerzen entzünden hat etwas Bezwingendes. Wo immer in Kirchen Menschen die Gelegenheit haben, Kerzen zu entzünden, tun sie es."[131] Entgegen dem traditionellen protestantischen Affekt gegenüber privatreligiösen Praktiken in Kirchen – diese sollten der gemeinschaftlichen gottesdienstlichen Feier vorbehalten sein –, ist das individuelle Entzünden einer Kerze ein „passageres Zeichen einer spezifischen Ingebrauchnahme dieses Raumes"[132], bei dem die Betrachterin kaum ausmachen kann, in welchem Sinne hier Menschen religiös agieren. Ist es schon Andacht oder noch touristische Konvention, persönlich bedeutungsvoll oder lediglich ein ‚Macht-man-So'? Womöglich ist die Praxis gerade dadurch zugänglich und verbreitet, weil sie uneindeutig bleiben kann und deutungsoffen ist, sie ist dann Ausdruck einer „unbestimmten Religiosität"[133]. Die spätmoderne Praxis steht in der Tradition der Votivkerzen, mit deren Entzünden sich ein Wunsch, eine Bitte oder ein Gelübde verbindet, das vor Gott gebracht wird. Wenn Menschen auch heute unter dem Eindruck eines kirchlichen Raumes eine Kerze anzünden, dann bringen sie damit etwas zum Ausdruck: Hier brennt nun für eine Weile auch ‚meine' Kerze.

Das Panorama der Beispiele zeigt: Kerzen finden sich in ganz unterschiedlichen Sphären heutigen Lebens. Dass sie in vielfältiger Weise symbolisch in Gebrauch genommen werden können, ist nicht zuletzt in einem materialen Sinne durch die geschichtliche Entwicklung der technischen Gegebenheiten bedingt. Die aus Bienenwachs gefertigten Kerzen waren im Mittelalter eine Kostbarkeit und außerhalb von Kirche und Hof kaum erschwinglich, das gemeine Volk nutzte rußige Talgleuchten. Richtige Kerzen waren bis in die Neuzeit hinein wertvolle und damit exklusive Lichtgüter. Erst mit der Erfindung des Paraffins im 19. Jahrhundert existiert ein kostengünstiger Kerzengrundstoff, der diese zu einem Massengut etwa in Gestalt von Haushaltskerzen macht, die maschinell gefertigt werden. Nachdem aber nur wenige Zeit später die Gesellschaft grundlegend industrialisiert und elektrifiziert wurde, sind Kerzen seit gut hundert Jahren schon zu anachronistischen Beleuchtungsmitteln geworden. Fortan und bis in die Gegenwart werden sie zu einem Licht in spezifischen Situationen und mit einer besonderen Aussage: Kerzen brennen nur beim romantischen

Tête-à-Tête oder am Geburts- und Tauftag, beim Besuch auf dem Friedhof oder der Kirche; im Gottesdienst, auf der Friedensdemonstration oder im Kriegsfall, wenn die elektrische Versorgung ausgefallen ist. In der Schublade gehören Kerzen zur Notration und am Christbaum illuminieren sie das Fest. Vor diesem Hintergrund hat der spätmoderne Kerzengebrauch und Kerzenkult zwei wesentliche Aspekte, die ihn bestimmen: Einerseits wird, wo immer eine Kerze entzündet wird, der gewöhnliche Alltag außeralltäglich, Kerzen sind Medien der *Besonderung einer Situation*. Zum anderen sind Kerzen in der spätmodernen Lebenswelt keine Beleuchtungsmittel, sondern dienen als Licht paradoxerweise der *Verdunklung einer weithin ausgeleuchteten Welt*. Bevor Kerzen entzündet werden, wird das Licht ausgeschaltet oder gedimmt, damit der Kerzenschein selbst leuchten kann.

b)   Kerzen als Sinnzeichen und in ihrer Symboldynamik

Kerzen sind bedeutungsstarke Artefakte; sie sind Sinnzeichen, die über sich hinausweisen. Dabei sind sie nicht nur stationäre oder mobile Gegenstände, sie beinhalten auch eine schlichte Dramaturgie ihres Gebrauchs: Kerzen werden erstens entzündet, ihre Flamme brennt zweitens als offenes Feuer, drittens werden Kerzen gelöscht oder sie verlöschen, wenn sie abgebrannt sind. Im Blick auf ihre heutige kulturelle Wahrnehmung lässt sich die Probe aufs Exempel machen: Erscheinen sie als natürliches oder als künstliches Licht? ‚Natürlich' sind sie nicht, weil sie als Artefakte hergestellt werden. Aber sie werden auch – anders als eine Glühbirne oder Straßenlaterne – nicht als ‚künstliche' Beleuchtung erlebt, weil sie als real brennendes Licht eine Variante des naturhaften Elements des Feuers darstellen. Kerzen sind in ihrer Anmutung vielmehr eine dritte Spielart. Dies materialisiert sich auch in Stoff und Herstellung: Sie bestehen aus Naturstoffen, die aber bearbeitet werden, und sie werden maschinell verfertigt, haben aber den Charakter eines handwerklichen Produkts. Kerzen brennen nicht von alleine, aber sobald sie es tun, sind sie ‚autarke' Lichter. Sie

Die Gegenständlichkeit des Religiösen 77

lassen sich als Sinnzeichen und in ihrer Symboldynamik anhand der drei Momente ihres Entzündens, Brennens und Verlöschens interpretieren:

Der Akt, eine Kerze zu entzünden, ist eine *Übergangshandlung* par excellence. Sie führt aus dem unbeleuchteten Zustand, mithin aus der Sphäre des Dunklen, in die helle Sphäre einer erleuchteten Welt. Kerzen sind – dies kennzeichnet ihren elementaren symbolischen Sinn – nicht nur Leuchtmittel, sondern Lichtquellen. Sie unterscheiden durch ihren Gebrauch Dunkel und Hell und haben damit Anteil an der christlichen Grundsymbolik von Licht und Finsternis, die sowohl die Semantik der biblischen Überlieferung durchzieht als auch die Inszenierungsweisen der beiden christlichen Zentralfeste ausmacht. Die Dualität von dunkel und hell, die mit dem Entzünden einer Kerze sinnenfällig wird, macht den Akt religionsaffin und ist ein Grund dafür, dass sie als liturgischer Gegenstand im Christentum und auch im Judentum eine prominente Stellung einnimmt. Im Licht der Kerze zeigt sich nun aber auch eine besondere Kontur spätmoderner Frömmigkeit: Der Kerzenschein erzeugt gerade keine scharfen Ränder, sondern eine graduelle Übergangszone zwischen mildem Licht und dunkler werdendem Schatten. Ins Existentielle gewendet: Die entzündete Kerze markiert eine Mitte, die leuchtet, und belässt zugleich die Wirklichkeit in einem abgeschatteten Ungefähr.

Brennt eine Kerze, dann gibt sie nicht nur Licht, sondern auch Wärme ab; realiter, mehr aber noch gefühlt. Brennende Kerzen sind in der Spätmoderne ein *Atmosphäreninstrument*. Als schummriges Licht schaffen sie einen Gefühlsraum, der im Übrigen nicht jedermanns Sache ist. Nicht zufällig sind Kerzenlichter Insignien der modernen Weihnachtsfrömmigkeit. Wie diese ziehen sie auch Vorbehalte auf sich, dass – wo immer sie entzündet werden – sie sentimentale Stimmungen ausbreiten; der Kitsch-Vorwurf ist nicht weit.[134] Allerdings ist das Kerzenlicht nicht so harmlos, wie es scheint. Ihre offene Flamme ist ein Derivat des Feuers und wo sie entgleist, kann eine einzelne Kerze einen ganzen Feuerbrand auslösen. Genauer stellt die Kerze die Form eines kultivierten Feuers dar, kultur- und religionspsychologisch ist sie ein ‚domestiziertes Feuer'. Sie fungiert als Statthalter einer ursprünglich verzehrenden Gewalt, die kulturell und religiös in lebensspendende Energie überführt worden ist. Dies wird im christlichen Kultus der Osternacht symbolisch zur Darstellung gebracht, wenn zu Beginn der Feier die Osterkerze am Osterfeuer entzündet und diese dann zeremoniell in die noch dunkle Kirche hineingetragen wird. Auch die brennende Kerze selbst hält diesen Zusammenhang noch fest, die Flamme als ihre Mitte bleibt unberührbar; wo dies geschieht, verbrennt man sich die Finger. Symbolisch wirksamer und einleuchtender ist jedoch die Anmutung der brennenden Kerze als eines fragilen Lichtes, das selbst verletzlich ist: Candle in the Wind. Es braucht selbst Obacht und Schutz. Im Kontext spätmoderner Frömmigkeit verbinden sich damit mit der Kerze drei Aspekte: Zum einen materialisiert sich in ihr als Gegenstand der populäre Achtsamkeitsdiskurs der Gegenwart; Kerzen sind langsam brennendes Licht und sie verlangsamen auch ihre eigene Handhabung. Zum zweiten stehen Kerzen für die vulnerable Seite der Existenz, sie sind potentiell immer vom Verlöschen bedroht. Zum dritten ist das Entzünden einer Kerze zumeist eine beiläufige, keine exponierte Handlung, sie kann *en passant* erfolgen.

Kerzen sind *temporäre Leuchtmittel*, sie brennen in ihrer klassischen Form nicht dauerhaft. Sie verlöschen von sich aus, wenn sie aufgebraucht sind, sie sind – wie menschliches Leben auch – endlich. Dies ist auch ein Grund, warum sie als ‚Präsenzzeichen' symbolisch mit einer Person verbunden werden können: Sie vergegenwärtigen als Lebenslicht oder im Totensonntagsgottesdienst einen Menschen, sie tun dies aber immer situativ für die begrenzte Zeit, in der sie angezündet sind. In der abbrennenden Kerze erscheint Leben als ‚befristetes Leben'. Damit ist das Verlöschen ein prekärer Moment, weil hier doppeldeutig eine Situation oder/und ein Dasein beendet werden. Im gottesdienstlichen Kontext wird die Symbolkraft des Verlöschens besonders deutlich: Wenn heute im Karfreitagsgottesdienst die Altarkerzen rituell gelöscht werden, wird

Die Gegenständlichkeit des Religiösen 79

Abwesenheit nicht nur zelebriert, sondern auch sinnenfällig spürbar. Und die Verunsicherung eines Paten, ob er, zurück in der Bankreihe, noch im Gottesdienst die Taufkerze ausblasen soll/darf, zeigt, welche Bedeutung mitschwingt, auch wenn er vermutlich nicht weiß, dass der Ritus, eine Kerze zu löschen, einst bei Kirchenbann und Exkommunikation praktiziert wurde. Wenn hingegen – so jedenfalls noch in vor-pandemischen Zeiten – ein Geburtstagskind angehalten wird, die Kerzen auf seinem Kuchen auszupusten, dann hat man den heiklen Augenblick rituell positiv umcodiert: Mit dem aktiv herbeigeführten Verlöschen der Kerzen, die Lebensjahre sind nun alle vergangen, darf man sich auf Zukunft hin etwas wünschen. Die Kerzen verwandeln sich im Nachgang zu Votivkerzen.

Kerzen entzünden, brennen, verlöschen – auch hier eine kurze Zwischenstation: Kerzen sind symbolträchtig, sie scheinen als ‚lebendiges Licht'. Durch das, was sie ausstrahlen und durch die Dramaturgie ihres Gebrauchs ist das, was sie ausdrücken, evident, d. h. auch dann einsichtig, wenn es nicht erklärt wird. Dies lässt sich dann in unterschiedlichen Lesarten ausdeuten. Im christlichen Sinne und gottesdienstlichen Gebrauch drückt sich in ihnen der Glaube an das ‚Licht der Welt' aus, in existential-theologischer Auslegung kommt in der entzündeten Kerze das „Erhelltsein des Daseins" (Rudolf Bultmann)[135] zur Geltung. Nun ist nicht jedes Anzünden einer Kerze ein religiöser Akt, es geschieht vielfach in ganz profanen Kontexten. Doch auch der häufig säkulare Kerzenkult der Gegenwart hat durch die pragmatische Symbolkraft des Gegenstandes – gewiss nicht in jeder Facette, jedoch in mancherlei Hinsicht – einen untergründig religionsaffinen Grundzug. So können das Allerweltsding und sein gegenwärtiger Gebrauch als eine Form ‚angedeuteter Frömmigkeit'[136] in der Spätmoderne gelesen werden.

(3)　Unfallkreuze

> „Hast du es gesehen, das ist schon das zweite an dieser Straße?" Der Beifahrer hat, anders als die Fahrerin, die beiden Kreuze bemerkt, die leicht zurückgesetzt neben der Landstraße aufgestellt sind. Eines etwas verborgen hinter der Leitplanke, das andere in der Lücke zwischen zwei Bäumen. Beide wissen, was es damit auf sich hat; Angehörige haben, öffentlich sichtbar, eine tödliche Unfallstelle markiert. Es ist ein Hinweisschild der anderen Art und kündet: Straßenverkehr ist lebensgefährlich. Anders als die Verkehrsschilder und die Plakate am Seitenrand jedoch hält es ein konkretes Ereignis wach und erinnert ein individuelles Schicksal. „Das eine Kreuz mit den Blumen war bestimmt noch ganz neu", sagt der Beifahrer. Wie eine frische Wunde. Im Auto ist es still und beide sind froh, die langgestreckte Kurve hinter sich zu lassen.

a)　Christliches Symbol und spätmoderner Brauch

Anders als Engel oder Kerzen ist das Kreuz ein *dezidiert christliches Symbol*, das als Emblem vornehmlich im kirchlichen Kontext vorkommt; dem Kreuz (Christi) begegnen Zeitgenossinnen und Zeitgenossen in gottesdienstlichen Räumen. Allerdings findet sich das Kreuz als Zeichen hier und da auch in der kulturellen Praxis: Gelegentlich wird es als Schmuckstück an der Halskette getragen; traditionelle Gipfel- und Wegekreuze markieren Landschaften und in manchem Videoclip – man denke an Madonnas „Like a prayer" als Klassiker der Gattung – wird mit dem Symbolzeichen gespielt. Ob Kreuze weiterhin auch in Schulen und anderen öffentlichen Einrichtungen hängen können oder sollen, ist strittig; immer wieder ist die Kontroverse in den vergangenen zwei Jahrzehnten auch als rechtliche Auseinandersetzung geführt worden. In ihr zeigen sich zwei unterschiedliche Lesarten des Kreuzes: Für die einen fungiert es als Ausdruck allgemein akzeptierter kultureller Werte innerhalb eines durch christliche Tradition geprägten Gemeinwesens. Für die anderen gilt es, so auch für die Kirchen, als genuin christliches Symbol mit einer spezifisch religiösen Bedeutung. Ikonographisch hat das Kreuz bis heute insbesondere in der *Sepulkral- und Trauerkultur* seinen Sitz im Leben: als Emblem von Todesanzeigen oder Kondolenzkarten, in Gestalt von Grabkreuzen oder eingraviert in Grabsteinen. An der Schnittstelle von religiöser Tradition und kultureller Praxis ist das Kreuz ein Sinnzeichen des menschlichen Todes, der ikonographisch in eine bestimmte Perspektive gerückt wird.

In diesem Kontext steht auch der *spätmoderne Brauch*, am Rande von Land- und Bundesstraßen Unfallorte durch Kreuze zu markieren. Sie weisen auf das hin, was geschehen ist, und ebenso auf die Person des Verstorbenen, der als Opfer im Straßenverkehr zu Tode gekommen ist.[137] Die Unfallstelle auszugestalten, ist eine private Praxis der Angehörigen sowie von Freundinnen und Freunden; sie ist weder kirchlich instruiert noch behördlich vorgesehen. Nach brauchtumsgeschichtlicher Lesart kann die heutige Praxis als moderne Variante der katholischen Tradition von Wege- und Flurkreuzen angesehen werden. Dagegen spricht – so die einschlägige volkskundliche Studie von Christine Aka –, dass sich die gegenwärtige Praxis konfessionsunabhängig verbreitet und diejenigen, die heute Straßenkreuze aufstellen und pflegen, selbst kaum christliche Motive und Deutungen ihres Handelns zu erkennen geben. Die alte Tradition der Wegekreuze und die spätmoderne Praxis der Unfallkreuze stammen aus unterschiedlichen „Gedankenwelten"[138]. Auffällig ist, dass der neue Brauch ‚männlich' geprägt ist: Annähernd Dreiviertel der erinnerten Toten sind – überdurchschnittlich jüngere – Männer; hier zeigt sich männliches Fahrverhalten im Straßenverkehr tendenziell als „riskante Lebensform"[139]. Zugleich sind es häufig Männer aus dem Freundeskreis oder der Verwandtschaft, die ein Kreuz anfertigen und aufstellen. Demgegenüber sind es dann vornehmlich Frauen, insbesondere Mütter der verunglückten (jungen) Menschen, die als Angehörige darüber

Auskunft geben, warum ihnen diese Orte wichtig sind und von ihnen ausgestaltet werden.[140]

b) Die Bedeutung des Unfallkreuzes

Die Kreuze, mit denen die Unfallorte gekennzeichnet werden, sind fast durchweg aus Holz gefertigt. In der gegenwärtigen Friedhofskultur ist es vielerorts üblich, frische Gräber mit einem Holzkreuz zu versehen, bevor in zeitlichem Abstand zu einer Bestattung diese zumeist durch Grabsteine ersetzt werden. Anders als die Friedhofskreuze jedoch werden Unfallkreuze von den Betroffenen selbst gefertigt, sie sind zumeist in schlichter Ausführung handwerkliche Unikate. Sie verweisen damit auf den Verstorbenen als individueller Person und bringen die je besondere Beziehung zu ihm zur Geltung. Die *Logik der Individuierung* des konkreten Unglücksfalles spiegelt sich auch in den Narrationen wider, die mit dem Kreuz verbunden werden. Durchweg wird von der Persönlichkeit des Verstorbenen und von den speziellen Umständen erzählt, die zu seinem Tod geführt haben: „Jedes Kreuz hat gewissermaßen seine eigene Persönlichkeit."[141]

Während Holzkreuze auf einem Grab als Provisorium aufgestellt werden und temporär gedacht sind, können die hölzernen Straßenkreuze auch für längere, vorab unbestimmte Zeit den Ort des Geschehens markieren. Nicht selten haben sie eine Tendenz, ihre Botschaft zu verdauern, der Ort wird häufig gepflegt, gelegentlich wird ein Kreuz erneuert. In dieser Weise wird er zu einem bleibenden Erinnerungsort, der immer wieder aufgesucht wird. Für die Vorbeifahrenden wird der Seitenblick auf ein Kreuz am Straßenrand zu einem unwillkürlichen Augenblick des *Memento mori*, ein flüchtiges Eingedenken, das je und je unter die Haut gehen kann.[142] Von den Hinterbliebenen werden die Orte zumeist mit weiteren Gegenständen versehen, die ihre eigene Dingbedeutsamkeit haben: mit Lichtern und Blumen als Insignien der Trauerkultur; mit Kuscheltieren und Spielzeug, in denen Eltern den Tod der Verunglückten als ihr ‚Kind' versinnbildlichen; mit einem Foto des

Verstorbenen, das ihn als (nicht mehr) Lebenden präsent hält; mit Briefen an die Toten, in denen Grüße und persönliche Botschaften an sie adressiert werden. Die Ausgestaltung der Stelle um das Unfallkreuz mit weiteren Gegenständen speist sich aus dem Reservoir heutiger Trauer- und Gedächtniskultur; so ist etwa für das Ensemble von Blumen und Kerzen das öffentliche Trauerarrangement beim Unfalltod der englischen „Prinzessin der Herzen", Lady Diana, Ende der 1990er Jahre stilbildend geworden, die entsprechenden Bilder gingen medial um die Welt. Der *Ort der Erinnerung* wird damit zu einem *Ort der Kommunikation*, unter den Trauernden, mit den unbeteiligt Vorbeifahrenden, aber auch mit den Toten. Die Unfallstelle wird zu einem auratischen Ort – hier ist ‚es' passiert – und zu einem *lieu de passage*; die Dinge fungieren als „Brückenobjekte"[143]. Womöglich ist, solange die Trauer keine Ruhe findet, nicht die Ruhestätte auf dem Friedhof der Begegnungsort mit dem Verunglückten, sondern der Unfallort. Aufschlussreich wäre dann allerdings die Frage, ob diese Gegenstände nach einer bestimmten Zeit von den Angehörigen selbst wieder abgeräumt werden und ein solcher Ort als Gedächtnisstätte ‚aufgegeben' wird. Eine Großmutter, die ihren Enkelsohn verloren hat, bekundet: „Ich kann mir das nicht erklären. Aber meine Gefühle sind mehr an dem Kreuz. Ich geh, ich geh ja zwar [regelmäßig] zum Friedhof [...]. So, aber ziehen tut's mich immer wieder zum Kreuz."[144]

c) Der Übergang des Todes

Auch die Praxis der Unfallkreuze lässt sich als eine Facette lebensweltlicher Religiosität lesen, die Auskunft über ihren heutigen Charakter und ihre Bedeutung gibt:

Mit einem Kreuz, das sie öffentlich sichtbar am Straßenrand platzieren, markieren Menschen, die einen Angehörigen oder eine Freundin durch Unfalltod verloren haben, einen Ort als schmerzhafte Grenze des Alltags und des Lebens. Sie nehmen ein Zeichen auf, das aus der Tradition des Christentums stammt, ohne damit in ihren eigenen Deutungen explizit auf christliche Implikationen des Kreuzessymbols – Kreuz Christi, Anwesenheit Gottes – Bezug nehmen zu müssen. Ikonographisch jedoch kontextualisiert das Kreuz die Wahrnehmung des Todes durch die christlich geprägte Tradition; es wird eben kein Rosenstrauch gepflanzt oder eine Stele aufgestellt. Die Verwendung des christlichen Sinnzeichens als Unfallkreuz hat ihren Sitz im Leben innerhalb des Trauerprozesses; es ist Zeichen eines individuellen Todes. In trauerpsychologischer Perspektive ‚verortet' das Kreuz den Toten und schafft einen Ort der Erinnerung und Begegnung an eben der Stelle, an der er verunglückt ist. Leben ist hier ungesichertes Leben; mit der Ausgestaltung des Ortes bleiben die Trauernden *in Beziehung*. So akzentuieren im Gegenzug zur umgangssprachlichen Rede vom ‚Loslassen' jüngere trauerpsychologische Konzepte den Beziehungsaspekt; im Trauerprozess gilt es, der Verstorbenen einen Ort im (eigenen) Leben zu geben, um sie zu ‚sichern'.[145]

Innerhalb der Trauerkultur erweist sich das Kreuzzeichen als ein *sinnproduktives Symbol*, das für die Beteiligten *religiöse Perspektiven* eröffnet. Als Unfallkreuz steht es für einen Tod, der als gewaltsamer Tod erlitten worden ist und erlebt wird. Mehr und anderes als ein konventionalisiertes Kulturgut wird das Kreuz mit Opfer und Schuld, abgebrochenem Leben und der Warum-Frage konnotiert. Es hält als Mahnmal immer auch den Protest gegen diesen unzeitigen Tod fest. Das aufgerichtete Kreuz an der Unfallstelle vermag Vorstellungen und Empfindungen individueller Religiosität evozieren, die über das Ereignis des Todes hinausführen und eine Nähe zu den Toten ermöglichen, welche die Grenze des irdischen Lebens überschreitet.

2. Zeiten und Orte gegenwärtiger Frömmigkeit

Mit ihrem Adventskalender hat es Caro nie so genau genommen. Da macht sie auch schon mal das nächste oder übernächste Türchen auf, wenn sie am kommenden Wochenende unterwegs sein wird. Dieses Jahr hat sie von einer ihrer Freundinnen einen Kalender mit Bildern und Texten bekommen; auch da blättert sie gerne mal voraus, bis sie auf eine Geschichte stößt, die sie anspricht. Ihren Mann Robert macht das ganz kirre, wenn er es mitbekommt. Das geht gar nicht. Er erinnert sich: Als Kind hat er einmal bereits in den ersten Dezembertagen die Schokolade aus den hohen Zahlen rausgegessen, auch die aus der 24. Heimlich von hinten, die Rückseite aufgebogen. Fühlte sich nachträglich nicht recht an, das spürt er noch heute. Man kann doch die Zeit nicht hintergehen. Auf die Neujahrskarte hingegen, die sie jedes Jahr an ihren Bruder schreibt, legt Caro großen Wert, da ist sie sehr genau. Rechtzeitig muss die Karte ihn erreichen. Immer zwei persönliche Sätze, wie das Jahr gewesen ist, und immer einen Wunsch fürs neue. Man weiß ja nicht, was kommt, und hat es nicht in der Hand. Dieses Jahr besonders, weil nicht ausgemacht ist, wie die Krebserkrankung des Bruders ausgeht. Robert, ihr Mann, schaut auch nach vorne, er plant schon. Drei Tage über Himmelfahrt raus aus allem, jenseits von Arbeit und Familie. Auftanken. Wie in den vergangenen Jahren mit einem alten Freund oder auch alleine. Dafür braucht es einen besonderen Ort. Weit weg muss er nicht liegen, aber anders sein. Der Freund denkt an drei Gasttage in einem Kloster, Robert eher an ein verlängertes Wochenende in der Berghütte, die nur zu Fuß zu erreichen ist.

Gelebte Religion hat eine *zeitliche Dimension*, Frömmigkeit bewegt und gestaltet sich im Horizont von Zeit(en). Zeit ist nach kulturwissenschaftlicher Lesart keine objektive Gegebenheit, sie ist in der Lebenspraxis eine Zeiterfahrung. Zeit wird subjektiv erlebt: Sie kann im Fluge vergehen und sie kann nahezu stillstehen. In der Langeweile dehnt sie sich, ein Tag will kein Ende nehmen. Und sie kann sich beschleunigen, sodass kaum hinterher zu kommen ist. Zeitempfinden ist je und je unterschiedlich. Als gemeinsam geteilte Zeit jedoch ist sie zugleich eingebettet in eine kulturell geprägte und sozial vermittelte Ordnung, die intersubjektiv gültig ist und damit individuellem Zeiterleben vorausliegt. Als (vor)strukturierte Zeit ist sie nicht einfach eine ‚natürliche' Gegebenheit, auch wenn sie – mit Tag und Nacht, mit Jahreszeiten und astronomischen Zyklen – auf naturhaften Rhythmen beruht. Als kulturell geprägte Zeit ist sie eine Wirklichkeit, die sozial hervorgebracht wird und symbolisch zur Darstellung kommt. Davon zeugen Kalender, Uhren und Glocken als ‚Zeitgeber' ebenso wie Gegenwart, Vergangenheit und Zukunft als Modi der individuellen und kollektiven Zeiterfahrung.

Im Kontext von Frömmigkeit hat Zeit in einem dreifachen Sinne Bedeutung: Erstens bewegt sich religiöse Praxis im Horizont religionskultureller Ordnungen und Muster. Weihnachten ist eben nicht, wenn mir danach zumute ist, sondern ist ein kalendarisches Datum, das begangen wird, wenn es an der Zeit ist. Und die österlichen Zweige mit entsprechendem Schmuck stehen im Wohnzimmer erst, wenn es dafür Zeit ist, und sie werden nach den Ostertagen wieder abgeräumt, zumal sie dann auch schon verblühen. Mit den Verrichtungen und Praktiken, in denen sich Religiosität lebensweltlich ausdrückt, wird Zeit zweitens individuell und gemeinschaftlich begangen, Zeit wird damit als je besondere qualifiziert und gedeutet. Advent ist dann, wenn der Adventskranz auf dem Sideboard steht, und das morgendliche Glockengeläut signalisiert, dass es Sonntag ist und man jetzt zum Gottesdienst gehen könnte. Drittens schließlich gestaltet Frömmigkeit Auszeiten in und jenseits der Alltagszeit. Ein spätabendliches Gebet markiert eine Schwelle am Ende des Tages, die sonntagnachmittäglich entzündeten Kerzen auf dem Adventskranz schaffen einen besinnlichen Moment und der sporadische Gang auf den Friedhof macht den Besuch bei den Toten zur Erinnerungszeit. Solche Auszeiten verknüpfen sich nicht selten mit besonderen Orten; Frömmigkeit hat auch einen *topographischen Aspekt*. Menschen haben ein inneres Verhältnis zu den Orten, an denen sie sich aufhalten und mit denen sie verbunden sind. Dies gilt auch und in spezifischer Weise für die lebensweltlichen Orte der Frömmigkeit; Auszeiten korrespondieren mit Abständen zur gewöhnlichen Sphäre des Lebens. Nicht zufällig suchen Robert und sein Freund andere Orte, um ‚rauszukommen'. Solche „Andersorte"[146] können eine Berghütte oder ein Kloster ebenso sein wie eine Kerzenecke im Kirchgebäude oder ein Friedhof. Diese müssen topographisch gar nicht zwingend außerhalb der eigenen vier Wände liegen, sie können auch deren zeitweilige Umgestaltung sein oder ein signifikanter Ort in ihnen. Das Wohnzimmer wird durch den Christbaum zum Weihnachtszimmer und damit graduell und zeitlich begrenzt zu einem anderen Raum; das Porträtfoto der verstorbenen Schwester, goldgerahmt, hat einen besonderen Platz und bildet eine Enklave im Arbeitszimmer. Ob und inwiefern ein konkreter Ort anders ist, hängt einerseits an seiner kulturellen Zuschreibung, andererseits daran, wie er von den Subjekten erlebt wird: „Was ist hier eigentlich für wen anders?"[147] Andersorte sind emotional und subjektiv bedeutsam, sie stehen für Erinnerungen, Versprechen und Erfahrungen von etwas anderem. Im Kontext religiös deutbarer Praktiken haben die Orte der Frömmigkeit zwei topologische Kennzeichen: Erstens sind sie Räume mit einer besonderen Anmutung; sie erscheinen als ‚authentische Orte', die eine eigene Identität haben und symbolisch mit Sinn aufgeladen sind.[148] Zweitens sind diese Orte – als Zwischenräume für Auszeiten – ‚Refugien des Selbst', sie sind temporäre Rückzugsorte aus der Geschäftigkeit des alltäglichen Immer-so-Weiter.

(1) Frömmigkeit im Horizont des Kirchenjahres

Ein wesentlicher Grundzyklus auch des heutigen Lebens ist das Jahr, das nach astronomischem Maß und naturzeitlicher Erfahrung einen geschlossenen Jahreskreis bildet, es hat in seinem wiederkehrenden Turnus ein Ende und einen Anfang.[149] In sich jedoch besteht das Jahr aus einem Arrangement ganz unterschiedlicher Kalendarien, in denen sich unterschiedliche Zeitbezüge überlagern und zum Teil auch miteinander konkurrieren: Jahreszeitlich gegliederter Naturkalender und häuslicher Familienkalender, religiöser Volkskalender und kirchlicher Festkalender, der Kalender des Geschäftslebens und der Kalender der öffentlichen Kultur – sie alle zusammen erst fügen sich zum Gesamt des kalendarischen Jahres. In der Moderne haben die öffentlichen Kalender ein privates Pendant, Zeitgenossinnen und Zeitgenossen sind heute lebensweltlich notorische Zeiten-Wechsler, die sich zwischen unterschiedlichen kollektiven und individuellen Kalendarien bewegen. Das zentrale Medium, in dem der Rhythmus und die Einheit des Jahreskreises erfahrbar wird, sind die wiederkehrenden Jahresfeste, die im kulturellen und religiösen Festkalender des gesellschaftlichen Lebens ihren Platz gefunden haben. An ihnen wird deutlich, dass Kalender nicht nur pragmatischen Zwecken dienen, sie sind symbolische Ordnungen der Zeit, die sich in Praktiken manifestieren: die Vorbereitung des ersten Schulgangs nach den Ferien und die Kultsendung ‚Dinner for one' als Eröffnung des Silvesterabends, die Gedenkveranstaltung am 9. November und der Gang auf den Friedhof am Totensonntag.

Als *Kirchenjahresfrömmigkeit* lassen sich individuelle und gemeinschaftliche Praktiken rubrizieren, die durch den Kontext des Kirchenjahres bestimmt sind und in denen sich eine religiöse Empfindung von Wirklichkeit artikuliert. Dies setzt voraus, dass hier das Kirchenjahr in einem weiteren Sinne verstanden wird; es ist nicht nur die kirchenamtliche Vorgabe der gottesdienstlichen

Ordnung für alle Sonn- und Festtage, mithin das agendarische Kirchenjahr. Für die spätmoderne Frömmigkeit bildet das Kirchenjahr vielmehr einen Baldachin und einen Fundus von Ritualen und Symbolen, die von den Subjekten selektiv und punktuell aufgegriffen, eigenständig geformt und sich anverwandelt werden. Das in dieser Weise gelebte Kirchenjahr hat eigensinnige Züge, ist aber zugleich an vielen Stellen mit dem kirchlich gestalteten Kirchenjahr verwoben. Kurzum: Das Kirchenjahr bildet heute eine der wesentlichen *Resonanzräume* spätmoderner Frömmigkeit.

Allerdings gilt auch: Nicht alle Ereignisse, die kalendarisch im Kirchenjahr verortet sind, werden damit per se zur Frömmigkeitspraxis des Christentums. Die bloße Tatsache, dass ein Reitturnier üblicherweise am Pfingstmontag als einem arbeitsfreien Tag stattfindet, lässt es noch nicht zu einem ‚christlichen' Reitfest werden. Die Datierung allein macht es nicht. Hingegen können z. B. städtische Weihnachtsmärkte in der Adventszeit, die von Hause aus keine kirchlichen Veranstaltungen darstellen, durchaus als Ausdrucksgestalt des Kirchenjahres im öffentlichen Raum interpretiert werden.[150] Dies gilt insofern, weil sie zum einen innerhalb des weihnachtlichen Deutungs- und Sinnhorizontes angesiedelt sind und zum anderen sich selbst – mit Weihnachtsliedern und Krippenfiguren – in den Symboliken und Praxen des Weihnachtschristentums inszenieren. Von populärer Religiosität wäre nur dann zu sprechen, wenn das Kirchenjahr nicht nur als äußerer kalendarischer Rahmen, sondern als ein inszenatorischer Gestaltungsraum fungiert und in dieser Weise bedeutsam wird für das, was in ihm geschieht.

Die Kirchenjahresfrömmigkeit ist traditionell in starkem Maße durch Jahreszeiten geprägt. Dies gilt auch für die Gegenwart, sie ist naturfühlig. In Praktiken der Frömmigkeit verschränken sich vielfach Naturwahrnehmungen mit religiösen Grundmotiven: adventliche Erwartung und weihnachtliche Sehnsucht im Kontext winterlicher Brache und Kälte; österlicher Übergang und der Austrieb des Frühlings; der Spätherbst mit seinen kirchlichen Tagen des Eingedenkens. An diesen Stellen erscheint das Kirchenjahr als ein

Erfahrungsraum, in dem sich jahreszeitliches Erleben und religiöse Sinngehalte berühren und wechselseitig füreinander erschließen. Dazu gehört auch, dass Frömmigkeit in verschiedenen Kirchenjahreszeiten unterschiedliche Selbst- und Weltempfindungen zur Geltung bringt. Die Popularität manch klassischer Kirchenlieder mit ihren auch heute noch vertrauten Melodien hängt auch damit zusammen, dass sie eine kirchenjahresspezifische Gestimmtheit des Gemüts zum Ausdruck bringen können: Weihnachten rührt an und geht nach innen – „Wie soll ich dich empfangen" (EG 11); die pfingstliche Bewegung führt nach draußen, Ausbruch ins Leben – „Geh aus mein Herz" (EG 503). Die Frömmigkeit im Kirchenjahr ist mit leiblichen Regungen verbunden. Und sie findet im Kirchenjahr Lebensthemen vor, die für die Persönlichkeitsentwicklung wesentlich sind: das Motiv des Urvertrauens als weihnachtliches Gefühl des Sich-verlassen-Könnens; der Umgang mit Leiderfahrungen und die Frage nach Leben angesichts des Todes; Ich-Identität und Ich-Integrität in den Ambivalenzen erfahrenen Lebens.[151] Frömmigkeit im Horizont des Kirchenjahres ist in dieser Perspektive ein Medium von Lebensgeschichte, durch das eigene Lebensthemen ansichtig und zugänglich werden.

Die populare Religiosität des Kirchenjahres, die im Folgenden in signifikanten Erscheinungsformen genauer ausgelotet werden soll, ist vielgestaltig und hat als Frömmigkeit unterschiedliche Facetten. Dabei lassen sich vier Aspekte hervorheben, die als frömmigkeitsbildende Kräfte gelten können:

In der *Rhythmisierung* des Jahreskreises durch das Kirchenjahr bilden Menschen ein kollektives und individuelles Zeitbewusstsein aus. In dessen Horizont wird der Jahreslauf – auch im Gegenzug zu lediglich numerisch bemessener und quantifizierter Zeit – zur gestalteten und bewusst erlebten Zeit, mithin zu einer Folge je besonders qualifizierter Zeiten. In die kollektive Ordnung verweben sich biographische Ereignisse. Das Kirchenjahr wird dabei in seinen *Ritualisierungen* zugänglich und erlebbar. Die rituellen Gestaltungen entlang des Kirchenjahres sind im Gegenüber zu den Routinen des Alltags symbolische Gesten, die individuell, familiär oder gemeinschaftlich bedeutsam sind. Sie vergewissern Zugehörigkeit, mit ihnen partizipieren die Akteurinnen an einer Sinntradition, die sie (sich) vergegenwärtigen. Die Frömmigkeitspraktiken des Kirchenjahres sind (punktuelle) *Unterbrechungen* in den Abläufen und der Geschäftigkeit des Alltags. Dies gilt für die Festtage, aber ebenso für die Zeiten der Präparation als Einstimmung und für die Übergänge zwischen verschiedenen Zeiten. Schließlich sind die mit dem Kirchenjahr verbundenen Handlungen *Intensivierungen* von Selbst- und Wirklichkeiterfahrungen. Das Entzünden einer Kerze macht die Erfahrung von Dunkelheit und Licht sinnenfällig; das Fasten intensiviert leibliche Selbsterfahrung; das familiäre Festmahl verdichtet kommunikative Beziehungen und schafft einen Ort gemeinschaftlicher Erinnerung.

(2) Weihnachtsfrömmigkeit

Weihnachten ist das dominierende Fest im Jahreskreis des neuzeitlichen Christentums, es erscheint geradezu als das „Fest der Feste" innerhalb christlich geprägter westlicher Gesellschaften. Das „Weihnachts-Christentum"[152] manifestiert sich auf unterschiedlichen Ebenen: Zu seiner kirchlichen Praxis gehören Advents- und Weihnachtsgottesdienste und zur Familienreligion die häuslichen Festgestaltungen und Feiern. Als gesellschaftliche Institution begegnet es in seinen kommerzialisierten Formen, aber auch in spezifischen kulturellen Gattungen wie der Weihnachtsliteratur oder zivilreligiösen Elementen wie der Weihnachtsansprache des Bundespräsidenten. Schließlich ist Weihnachten heute auch im weitesten Sinne ein *signifikanter Gefühlsraum*, es ist ein „Festivitätsgefühl" (Karl Kérenyi), welches noch diejenigen zu affizieren vermag, die am Fest selbst nicht teilnehmen (wollen). Die Atmosphäre des Weihnachtlichen grundiert die Festpraxis und das Alltagsleben, die auch dann weihnachtsreligiöse Konnotationen haben, wenn sie gar nicht explizit zum Ausdruck gebracht werden. Ein familienrituelles Weihnachtsessen am ersten Festtag etwa kann womöglich auch ohne vorherigen Kirchgang an den weihnachtlichen Festmotiven von Beheimatung, Versöhnung oder Geborgenheit partizipieren. Eine individuell praktizierte besinnliche Stunde an den Sonntagabenden vor dem Weihnachtsfest kann auch dann adventliche Motive von Erinnerung, Sehnsucht und Erwartung zutage treten lassen, wenn sie nicht eigens als Adventsandacht ausgestaltet wird. Unter diesem Vorzeichen gelesen hat die weihnachtliche Frömmigkeit auch heute eine große lebensweltliche Reichweite und Ausstrahlungskraft.

a) Das Interieur der Familienreligiosität

Das Weihnachtsfest und die Adventszeit sind nicht nur gottesdienstliche Hochzeiten des spätmodernen Christentums, sondern auch ausgeprägte Zeiten häuslicher *Familienreligiosität*. Den Fluchtpunkt bildet der Heiligabend als familial bestimmtes Fest, das häufig mit dem Besuch eines Gottesdienstes verbunden ist. Die verschiedenen Gottesdienste am Nachmittag und Abend des 24. Dezembers sind die mit Abstand bestbesuchten im Jahreskreis, sie integrieren und unterbrechen das Festgeschehen, interpretieren es im Horizont der christlichen Tradition und transzendieren damit das soziale Geschehen.[153] Innerhalb der familiären Liturgie des Festes bilden sie jedoch „nicht das Zentrum des Geschehens"[154], sie sind ein, für viele wichtiges, Element im Arrangement unterschiedlicher Rituale. Die volkskirchliche Advents- und Weihnachtsfrömmigkeit ist symbolreich, inszenierungsstark und erzählfreudig, sie speist sich aus dem, was jährlich erinnert und wiederholt wird. Nicht nur die kirchliche, sondern auch und vor allem die private und die öffentliche Sphäre werden ästhetisch als weihnachtlicher Raum ausgestaltet: mit weihnachtlichen Emblemen, Figuren und Schmuck als Sinnzeichenraum und ebenso durch vertraute Melodien als Klangraum. In der adventlichen und weihnachtlichen Frömmigkeit tritt „das Weihnachten der Dinge"[155] in besonderer Weise hervor; der Strohstern und der Christbaum, die

Geschenke als Gaben und die Holzkrippe haben eine religiöse Dingbedeutsamkeit. Die verschiedenen Elemente und Praktiken, die in der Advents- und Weihnachtszeit gängig sind, stellen zumeist Formen eines modernen Brauchtums dar; sie sind zugleich auch Ausdrucksweisen einer popularen Religiosität. Sie bilden ein Gewebe christlicher und postchristlicher Frömmigkeit mit zivilreligiösen Anteilen. Dies soll im Folgenden an einzelnen Phänomenen exemplarisch noch einmal genauer ausgemacht werden, um innere Logiken und Sinngehalte der spätmodernen Weihnachtsfrömmigkeit genauer bestimmen zu können:

Zur adventlichen wie zur weihnachtlichen Frömmigkeit gehört das Entzünden von Kerzen. Von deren Bedeutung war bereits ausführlich die Rede. Der *Christbaum* mit den erleuchteten Kerzen bildet die Mitte des Weihnachtszimmers; er ist ein modernes Emblem des Christfestes und als ursprünglich privater Brauch erst später auch in Kirchen aufgestellt worden. Im häuslichen Ambiente kristallisiert er weihnachtliches Erleben und illuminiert Weihnachten als einen Gefühlsraum. Er erzeugt nicht nur in actu eine bestimmte Atmosphäre und Gestimmtheit, er repräsentiert, wie viele andere weihnachtliche Dinge im wiederkehrenden Gebrauch, auch immer wieder aufs Neue die „Weihnachtsfeste der Vergangenheit"[156].

Zuvor in den Adventswochen stellt der kleine Kerzenkult des *Adventskranzes* eine konventionalisierte Frömmigkeitshandlung zur Veräußeralltäglichung des Alltags dar, er dimmt und dämpft die Geschäftigkeit der vorweihnachtlichen Wochen. Die Praxis des Adventskranzes, der auf den evangelischen Theologen Johann Hinrich Wichern zurückgeht, hat sich im Laufe des 20. Jahrhunderts zunächst vornehmlich in protestantischen Regionen einbürgert und dies zuerst in urbanen Lebenskontexten. Hier zeigt sich, ähnlich wie an der Geschichte des Erntedankfestes oder der Etablierung von Friedwäldern, dass sich „naturhafte" Elemente nicht selten (religions)kulturell als Frömmigkeitspraktiken dann etablieren, wenn der lebensweltliche Abstand zur Natur in der industrialisierten Moderne gewachsen ist.[157] Bemerkenswert ist die rituelle Logik des Adventskranzes, die nicht nur schlicht ist („erst eins, dann zwei …"), sondern in der sich auch manifestiert, wie die Dramaturgie und damit auch der Sinngehalt des Festzyklus umgeprägt werden. Während Advent und Weihnachten traditionell als Kontrast angelegt waren – die adventliche Bußzeit als vorbereitende Phase des festlichen Weihnachtsereignisses –, so wird das Adventliche hier als Annäherung und Vorschein zelebriert: Auf das Christfest hin wird es nicht dunkler, „weil Gott in tiefster Nacht erschienen" (EG 56), sondern bereits Schritt für Schritt heller. Im kulturellen Leben wie in der privaten Frömmigkeit wird die Adventszeit zur modernen Vorweihnachtszeit, in der bereits das weihnachtliche Festivitätsgefühl erlebbar wird. Dies korrespondiert mit dem Plausibilitätsverlust einer traditionell eschatologischen Theologie des Adventlichen mit seinem Motiv der Umkehr in Erwartung der Wiederkunft Christi. Leitmotivisch tritt stattdessen in der modernen Weihnachtsfrömmigkeit in den Vordergrund, dass das Christfest mit seinem adventlichen Vorspann – gleichsam protologisch – als erinnerter Anfang gedeutet wird; mit dem Motiv der Geburt verknüpfen sich Themen wie Herkunft, Beheimatung und Lebensvertrautheit.

Eine ähnliche Logik entfaltet auch der *Adventskalender*, der zur verbreitetsten Gattung der Weihnachtsdinge gehört. Er ist, zigmillionenfach gedruckt und zumeist mit Schokolade gefüllt, Süßigkeitsartikel, Bilderbogen, Mitbringsel und Sinnzeichen in einem. Auch die Praxis des Adventskalenders entsteht in der zweiten Hälfte des 19. Jahrhunderts, sie stellt eine Art familienpädagogische Einübung ins Warten, in Selbstbeherrschung und in Vorfreude dar.[158] Die heutigen Bildprogramme der Adventskalender reichen von christlicher Weihnachtssymbolik (mit Krippe, Engeln, Stern, Christkind etc.) bis hin zu weltlichen Motiven (z. B. Naturembleme, stilisierte Kindergeschenke); nicht selten mischen sich beide Stränge und bilden ein Ensemble moderner Weihnachtsikonographie, das zwischen christlicher Tradition und weihnachtlichen Retrobildern changiert. Fast durchweg sind die Deckblätter der Adventskalender mit ihren Fachwerkhäusern und verschneiten Winterlandschaften idyllisierende Bildwelten und bilden das Substrat einer modernen Gefühlsreligiosität.

b) Kinderkult und erwachsene Frömmigkeit

Die angeführten Elemente – andere könnte man unschwer ergänzen – sind vorderhand Ausstattungsgegenstände und konventionalisiertes Dekor, das in kommerzieller Machart und mit Kitsch-Texturen versehen trivial anmutet. Dies mag auch so sein. Allerdings gehört die gängige Weihnachtskritik daran, dass das Fest kauffreudig und rührselig verflacht sei, zum zeitgenössischen Weihnachtsbewusstsein dazu; es ist gewissermaßen selbst schon guter moderner Brauch. Vielleicht ermöglicht erst ein solcher Vorbehalt, dass sich aufgeklärte Menschen auf die weihnachtliche ‚Verzauberung der Welt'[159] einlassen können. Diese innere Brechung wird auch in einer anderen Hinsicht deutlich: Weihnachtsfrömmigkeit ‚funktioniert' heute in hohem Maß als ein auf Kinder ausgelegtes und in Kindheitsmustern ausgedeutetes Fest. Dies bedeutet keineswegs, dass Weihnachten ein Kinderfest darstellt, dem Erwachsene lediglich beiwohnen. Aber viele Formen und Praktiken häuslicher Weihnachtsfrömmigkeit vermitteln sich für Erwachsene durch die Teilhabe von Kindern und über deren Erleben. Dies gilt auch dort, wo Kinder gar nicht (mehr) präsent oder bereits erwachsen sind. Es sind dann die imaginierten ‚leuchtenden Augen' der Kinder, die auch die Wahrnehmung der Erwachsenen prägen. Weihnachtliche Gefühlsfrömmigkeit ist nicht ‚unerwachsen', sie berührt vielmehr das Kind im Erwachsenen und verbindet sich mit den kulturellen Assoziationen und religiösen Empfindungen, die darin angesprochen werden. Frömmigkeitspsychologisch hat Weihnachten einen regressiven Grundzug, der in die Kindheit zurückführt. Die *Rückreise in Kindheitsgefilde*, die mit Weihnachten einhergeht, manifestiert sich in zwei Merkmalen:

Zum einen motivieren die Zeit und das Fest zum Erinnern und zum Erzählen, persönliche und familiäre Narrationen prägen das Geschehen: „Wer von Weihnachten anfängt, muss auf der Hut sein; eine Stimme in ihm will immer von früher erzählen."[160] Mit Weihnachten verbinden sich häufig biographische Schlüsselszenen, die sich aus individuellen Erinnerungen, aus familiären Erzählungen und aus Bildern des kollektiven Gedächtnisses speisen. Sie unterlegen die Praktiken und Symbole des weihnachtlichen Festes mit einem persönlichen „Kindheitsroman"[161], welcher lebensgeschichtliche Verletzungen und Wünsche ebenso festhält und vergegenwärtigt wie Empfindungen von Geborgenheit oder Bedrohung.

Zum anderen korrespondiert und verbindet sich das Kindheitsmotiv und seine Themen mit dem christlichen Symbolbestand des Festes: mit der biblischen Geburtsgeschichte des göttlichen Kindes und der ikonographischen Krippenszene, die als Spielfläche weihnachtlicher Frömmigkeit fungiert – in häuslichen Krippenfiguren und gemeindlichem Krippenspiel, auf dem Weihnachtsmarkt oder im Dreikönigsumzug. Auch die biblisch geprägten Narrationen artikulieren und dramatisieren die Ambivalenzen von Licht und Finsternis, Unterwegssein und Ankommen, von Gefährdung und Rettung. Sie rahmen und transzendieren die biographischen Sinngehalte der weihnachtlichen Frömmigkeit.

Auch die vermeintlich kindliche Religiosität rückverwandelt sich in eine spätmoderne Frömmigkeit von und für Erwachsene. Dies lässt sich in jüngerer Zeit beispielsweise an der Praxis der Adventskalender erkennen. Mittlerweile gibt es neben kommerziellen oder selbstgestalteten Kalendern, die auch unter Erwachsenen kursieren, auch sog. ‚Lebendige Adventskalender', bei denen Familien, Paare oder Einzelpersonen an geöffneten Privatfenstern während der Adventstage für die Nachbarschaft kleine Szenen arrangieren. Ein prominentes Projekt mit größerer Reichweite ist der „Andere Advent", ein Adventskalender, der von einer größeren Zahl von Menschen mittlerweile zu den Wochen auf Weihnachten hin dazugehört:

Der „Andere Advent"[162] ist ein Kalender, der seit etwa fünfundzwanzig Jahren regelmäßig vom bereits erwähnten kirchennahen Hamburger Verein „Andere Zeiten e. V." aufgelegt und verbreitet wird; die Auflage lag vor wenigen Jahren bei 650.000 Exemplaren, die von ca. 1,6 Millionen Menschen in Gebrauch genommen werden. In seiner Bildsprache und mit literarisch-religiösen Texten für jeden Tag im Advent und die Weihnachtstage handelt es sich um einen ästhetisch anspruchsvollen Kalender, der bewusst christlich-spirituelle Akzente setzt. Im Selbstverständnis wollen die Kalendergestalterinnen der „kommerzialisierten Gesellschaft etwas Spirituelles entgegensetzen"[163]. Das Kontrastmotiv findet Resonanz und die Kalender werden zum Teil rituell, zum Teil beiläufig von Leserinnen und Lesern genutzt. Bewusst wird hier im „Unterschied zu anderen Gestaltungsmitteln" weihnachtlicher Praktiken, die – wie die Holzkrippe oder der Adventskranz – als „symbolische Verweisgeber oder als ästhetische Versinnbildlichung" fungieren, ein bildhafter und ein textlicher inhaltlicher Impuls gegeben.[164] Als Lese- und Anschauungsstoff sollen die Kalenderblätter individuelle Frömmigkeit kognitiv und emotiv anregen; sie sind – wie die Untersuchung Annika Happes zeigt – gelegentlich auch Medium „religiöser Kommunikation"[165]. Dazu dienen Gedichte, literarische und persönliche Erzählungen, symbolhafte Naturfotos oder Comics mit Tiefsinn, die in ihren christlich-religiösen Bezügen und in ihrem Kommunikationsstil „offen und schwebend"[166] bleiben. Vermutlich könnte und müsste man die Anmutung des Kalenders noch einmal milieutheoretisch wahrnehmen und reflektieren; er pflegt eine spezifische Bild- und Bildungssprache. Als ritualisierte Adventspraktik materialisiert sich im ‚Anderen Advent' eine Religiosität „für Zuhause"[167], in der eine Transzendenz nach innen zum Ausdruck kommt. Diese wie andere neue Formen transponieren das Prinzip des ‚gewöhnlichen' Adventskalenders – die Abgrenzung ist hier bereits im Namen markiert: der ‚Andere' Advent –, indem sie diesen individualisieren, ästhetisieren und als Kommunikationsmedium inszenieren.

In all dem zeigt sich, dass die gegenwärtige Advents- und Weihnachtsfrömmigkeit vital ist und für Zeitgenossinnen und Zeitgenossen keineswegs belanglos. Sie ist auch nicht so harmlos, wie sie in ihren angestammten oder umgeprägten Formen erscheint. Diese umspielen das Geheimnis des Lebens, stärker das Woher als das Wohin, und bilden das Substrat einer natalen Spiritualität, die sich in weihnachtlichen Gewohnheitsritualen ausdrückt. In diesen wird die „Kontinuität des familiären Lebens inszeniert und bestätigt", aber zugleich werden darin auch der biographische „Wandel und die Brüche in einer Familiengeschichte" spürbar.[168] Wenn jemand dieses Jahr fehlt, dann gewinnt das vertraute Ritual eine andere Gefühlsfarbe; die *weihnachtliche Gefühlsfrömmigkeit* ist nicht selten zartbitter. Aus guten Gründen gelten die Wochen zuvor und insbesondere die Festtage als psychisch und sozial prekäre Zeit. Dies gilt auch angesichts bedrängender Zeitumstände. Die Probe aufs Gefühl ist es, ob die weihnachtliche Frömmigkeit, die sich in ihren Praktiken kristallisiert, dem standzuhalten vermag, was in widrigen Zeiten Menschen belastet. Wenn Krieg herrscht oder eine Pandemie das Leben einschränkt und bedroht. Dann zeigt sich, dass die Weihnachtsfrömmigkeit nicht nur eine romantische Verklärung der Wirklichkeit darstellt, sondern auch eine fragile Innenseite hat. Und es zeigt sich, dass, wo immer sie auch in schwieriger Zeit beharrlich praktiziert wird, sie auf ihre Weise robust ist und ein religiöses Widerlager bildet für und gegen die Lebenserfahrungen des Jahres.

(3) Frömmigkeit im österlichen Horizont

> Konrad hat Ende März Geburtstag und er feiert ihn gerne mit Freundinnen und Freunden. Auch die Familie ist dabei. Nur fällt sein Geburtstag dieses Jahr ausgerechnet auf den Karfreitag. Streng ist er ja nicht in solchen Dingen. Aber geht das, zum Fest an diesem Tag einzuladen? Eine Freundin meint: „Klar doch"; sein Mann ist dagegen: „Mach' das mal nicht". Von Hause aus ist er dann doch irgendwie evangelisch. Konrad hat auch das Gefühl, dass es nicht passt. Zumal er sonst am Karfreitag aus alter Gewohnheit keinen Alkohol trinkt und das wäre am Geburtstag schade. Auf Ostern hin, da stellt er sich im Vorfeld Zweige in sein Zimmer, um mitzuerleben, wie diese austreiben und aufblühen. Ohne dass man etwas dazutut. Aus kahlen Ästchen. Überhaupt

das Grün draußen in diesen Wochen. Im Osternachtgottesdienst war er mal mit einer Freundin, das hatte was, muss aber nicht immer sein so früh. Dagegen gehört ein Osterspaziergang auf jeden Fall mit dazu. „Vom Eise befreit sind Strom und Bäche", Konrad erinnert noch die erste Zeile des Gedichts aus der Schulzeit, und dass es weitergeht „Im Tale grünet Hoffnungsglück". Wenn er recht überlegt: Er feiert seinen Geburtstag dieses Jahr einfach zeitversetzt am Ostersonntag, das stimmt dann.

Was nach theologischer Lesart mit Passion und Ostern verbunden ist, findet heute in erster Linie in der Kirche statt; die biblischen Erzählungen vom Leiden, von Tod und Auferstehung Jesu sind der Stoff und die Tradition, die gottesdienstlich zur Geltung kommen: in gemeindlichen Passionsandachten und beim Tischabendmahl am Gründonnerstag, im Karfreitagsgottesdienst und der Osternacht sowie in den Gottesdiensten an den beiden Osterfeiertagen. Am kirchlichen Ostern partizipiert vornehmlich ein größerer oder kleinerer Kreis von gemeindeverbundenen oder wenigstens kirchennahen Menschen. Anders als dies bei der Weihnachtsfrömmigkeit der Fall ist, ist hier die gottesdienstliche Praxis jedoch kaum in Formen individueller, familiärer oder kultureller ‚Osterfrömmigkeit' eingebettet, die anhand der theologischen Semantik und Symbolik als solche identifizierbar wäre. Im expliziten Sinne scheinen die Motive von Kreuz und Auferstehung außerhalb kirchlicher Kommunikation nicht recht frömmigkeitsfähig zu sein. Auch eine als klassisch protestantisch angesehene Karfreitagsfrömmigkeit ist weithin verblasst; sie bleibt lebensweltlich am ehesten als eine Grundstimmung erhalten, dass man an diesem Tag auf manches verzichtet (oder verzichten sollte). Dies ist, so spürt Konrad, jedenfalls kein Tag, um ausgelassen zu feiern, er hat das unbestimmte Gefühl, dass dies „nicht passt". Ein Refugium traditioneller Passionsfrömmigkeit stellt milieuspezifisch klassische Musik dar; für manch eine gehört der Besuch von Bachs Matthäuspassion mit zur Karwoche. Als eine individuelle Praktik hat das vorösterliche Fasten in den vergangenen Jahren an Bedeutung gewonnen, es soll an anderer Stelle genauer ausgelotet werden.

Die Beobachtungen bedeuten allerdings nicht, dass die Osterzeit lebensweltlich nicht wahrgenommen und gestaltet wird. Im Unterschied zu Weihnachten, das sich – mit Krippe, Engel und Stern, Weihnachtsliedern und Kerzen – auch im Symbolraum biblischer Überlieferung und christlicher Tradition bewegt, sind die heutigen Osterpraktiken davon weiter entfernt; die Kluft zwischen den Passions- und Ostererzählungen einerseits und den Osterhasen und Ostereiern andererseits ist überdeutlich. Dies gilt auch dann, wenn man einzelne Elemente der populären Osterfestkultur symbolgeschichtlich durchaus volksreligiös entziffern kann; man denke an die ursprünglich rotgefärbten Ostereier als Sinnbild und Ursprung neuen Lebens. Aber insgesamt ist das theologisch bestimmte Ostern eher im Modus kirchlicher Verkündigung, kaum als Substrat lebensweltlicher Frömmigkeit präsent.

a)   Ostern vs. Frühlingsfest?

Weitet man jedoch den Blick und fasst die beiden österlichen Topoi von Kreuz und Auferstehung anthropologisch, dann sind diese als Grundthemen von Tod und Leben auch im gelebten Kirchenjahr erkennbar. Persönliche, kulturell verankerte Praktiken, dem Tod zu begegnen, sind vor allem in der späten Zeit des Kirchenjahres zu finden; angefangen beim mittlerweile fest in den kommunalen Kalendern etablierten Tag des Friedhofs zu Herbstbeginn bis hin zum Besuch am Grab im Umfeld der kirchlichen Novemberfeiertage. Das Motiv des Lebens im Sinne von Aufbruch und Anbruch neuen Lebens hingegen ist kirchenjahres- und naturzeitlich am stärksten mit der Zeit des Osterkreises verbunden, der sich aus den späten Winterwochen in den Frühling hin ausspannt. Mit dem *Konnex von Ostern und Natur* betritt man nun allerdings dünnes theologisches Eis. Insbesondere die protestantische Theologie hat aus unterschiedlichen Gründen häufig Vorbehalte angemeldet, wenn der Verdacht besteht, dass Gottesglaube und Naturgeschehen kurzgeschlossen werden könnten. Die mittlerweile schon etwas abgegriffene Wendung der zeitgenössischen Osterpredigt „Der Tod hat nicht das letzte Wort" markiert den Unterschied: Die österliche Botschaft kündet nicht von etwas ‚Natürlichem'. Die differenztheologische Sichtweise bestimmt bis heute vielfach das kirchliche Ostern. So kritisiert eine kirchenleitende Andacht, eine zeitgenössische Stimme unter anderen, dass Ostern immer mehr zum Frühlingsfest „mutiert". Wo das Österliche damit konnotiert wird, dass der „aufbrechenden Natur nachgespürt" wird, da finde dessen „Bagatellisierung und Trivialisierung" statt.[169] Bemerkenswert ist jedoch, dass nach diesem scharf grenzziehenden Einstieg im weiteren Verlauf der Andacht bedauert wird, wenn Menschen „keine persönlichen österlichen Rituale kennen", und es wird in diesem Fall unter anderem vorgeschlagen: „Holen Sie sich Osterwasser von einer nahegelegenen Quelle ins Haus. (...). Pflanzen Sie etwas."[170] Womöglich führt die Frage nach Frömmigkeitspraktiken, die sich im Horizont des Österlichen interpretieren lassen und Ostern lebensweltlich sinnenfällig machen, mehr nolens als volens dann doch ins Feld von Naturerfahrungen. Dabei erstaunt es, dass z. B. das jüngste, ansonsten ungemein materialreiche „Handbuch Evangelische Spiritualität" keinen Artikel zur Bedeutung naturreligiösen Erlebens aufweist.[171] Was hat es mit einer zeitgenössischen, naturresonanten Frömmigkeit im österlichen Kontext auf sich?

b) Naturresonante Frömmigkeit

Dass Naturerfahrungen für Sinngehalte des christlichen Glaubens transparent sein können, wird im klassischen und neuen kirchlichen Liedgut besungen und zum Ausdruck gebracht. Nachösterlich als Frühsommerlied ist Paul Gerhardts „Geh aus, mein Herz, und suche Freud" (EG 503) nach wie vor einer der populärsten Choräle; es hat seit dem 19. Jahrhundert auch den Charakter eines Volksliedes gewonnen. An und in der Natur – etwa an „Narzissus", der Osterglocke, und den „Tulipan" als Frühlingsblumen – wird etwas vom Segensreichtum sichtbar, in der die Natur als Schöpfung erfahrbar wird. Als eines der wenigen, zeitgenössisch verträglichen Passionslieder wird im Text von Jürgen Henkys ein naturhaftes Geschehen zum Sinnbild dessen, wie Leben aus dem Tod erwächst: „Korn, das in die Erde, in den Tod versinkt [...]. Liebe wächst wie Weizen, und ihr Halm ist grün." (EG 98). Der Bezug auf die agrarische Praxis des Aussähens in den Acker und das Auskeimen der Saat wird – biblisch grundiert durch Johannes 12,24 – zum Symbolfeld, in dem das jesuanische Geschick erschlossen wird. Im kulturellen Wechselspiel kann im Gegenzug auch die nichtkirchliche Dichtung das Motiv der aufbrechenden Natur als religionsaffine Metapher für Lebensenergie und als Grund von Hoffnung zur Geltung bringen: Konrad hat Goethes Osterspaziergang „Vor dem Tor" – ehemals klassisches Bildungsgut – im Ohr, in dem die Natur die winterliche tote Zeit überwindet, „Hoffnungsglück grünet" und die Menschen streben hinaus ins Freie, „alle ans Licht gebracht". In aufklärerischer Diktion heißt es: „Sie feiern die Auferstehung des Herrn, denn sie sind selber auferstanden."[172] Und Wolf Biermann, um ein Beispiel popkultureller Dichtung anzuführen, singt in seiner „Ermutigung" zum Widerstand von Dissidenten in bedrängender Zeit: „Das Grün bricht aus den Zweigen".[173] Wo dies gesehen und gezeigt wird, schürt es den Lebensmut, der aus tödlicher Resignation herausführt. Sowohl in der kirchlichen Tradition wie auch in anderen kulturellen Kontexten wird gleichsam im „Buch der Natur"[174] gelesen, insbesondere der Topos des ‚aufbrechenden Grüns' hat offenbar eine sinnbildende Anmutung.

Dies manifestiert sich nun auch in zeitgenössischen Praktiken. Auch und gerade in der forciert urbanisierten und technisierten Spätmoderne hat die Kultur des Naturerlebens für viele Menschen eine besondere Bedeutung. Nicht zufällig ist der Brauch weit verbreitet, sich die frühlingshaft aufbrechende Natur ins eigene Haus zu holen: Blühzweige im Wohnzimmer, Kresse- und Kräutersamen auf dem Küchenfensterbrett oder dem Balkon, sich öffnende Osterglocken oder Hyazinthen im Topf oder der Vase. Austreibende

Lebenskraft, mithin den Übergang ansichtig werden zu lassen, darum geht es. Zugleich motivieren die Wochen der österlichen Frühjahrszeit dazu, nach draußen zu gehen; der „Osterspaziergang" gehört nicht nur für Konrad immer zu den Ostertagen. Natur ist nicht nur ein Topos und ein Element, sie ist zugleich – als Wiese und Wald – ein eigener Raum, der aufgesucht und erlebt wird. Zur Kultur der (Spät)moderne gehört die Anschauung und Erfahrung einer „resonanten Natur"[175], die berührt und anspricht. Im Erleben korrespondiert die Wahrnehmung der äußeren Natur mit dem, was als innere Natur spürbar wird.[176] Dass ein Waldspaziergang heute auch als Achtsamkeitsübung (,Waldbaden') verstanden werden kann, zeigt, dass diese Praktiken auch als naturresonante Frömmigkeit interpretiert werden können. Sie eröffnen „Selbsttranszendierungsprozesse verschiedenster Reichweite"[177] und sind darauf angelegt, regenerativ zu wirken. Diese erste Form naturbezogener Praktiken ist vornehmlich kontemplativer Art, es geht um das „passive, pathische Berührtwerden"[178] durch die Natur. Eine zweite, ebenfalls weit verbreitete Form der Naturerfahrung ist deren „aktive Anverwandlung"[179]. Sinnraum dieser Spielart ist der Garten als kultivierte Natur. Einen Garten anzulegen, zu bearbeiten, zu pflegen – als Schrebergarten, Vorgarten, Balkongärtlein –, gehört zu einer der populärsten Freizeitbeschäftigungen der Gegenwart. Hier wird Natur noch einmal in anderer Weise erfahren, aber ebenfalls aufgeladen mit starken Sinnbedeutungen bis dahin, dass „für viele ältere Menschen (die Erfahrung eigener Lebendigkeit) genau daran (hängt), ob sie noch den eigenen Garten bearbeiten können".[180] Dabei geht es in der Spätmoderne mittlerweile auch darum, (Garten)Natur in der verstädterten Kultur wieder zurückzugewinnen (,Urban Gardening'). So lassen sich der Garten als umfriedeter, von der Außenwelt abgeschirmter Ort und Gartenarbeit, die tätigen Anteil nimmt an Naturprozessen und -rhythmen, als geradezu „spirituelle Ressource"[181] für viele Zeitgenossinnen und Zeitgenossen begreifen. Dazu trägt auch bei, dass der Garten von alters her, auch und gerade im biblischen Kontext, symbolisch belegt war und ist, nicht von ungefähr lauten die Titel gegenwärtiger Gartenzeitschriften „Garten Träume" oder „Mein Paradies".[182] Der Garten ist als Tätigkeitsfeld zugleich ein Rückzugs-, Rekreations- und Sehnsuchtsort.[183] Wie in der kontemplativen, spielt auch in der tätigen Naturerfahrung die Frühjahrszeit und ihr österlicher Deutungshorizont eine Rolle: So wie das erste Grün aus einem kahlem Baum hervorbricht, so ist die neue Pflanzung in der Gartenbrache mit der Verheißung von Wachsen und Reifen verbunden.

Beide Formen naturräumlicher Erfahrungen sind in der Kultur der Gegenwart eingebettet in ein spätmodernes Bewusstsein, das darum weiß, dass Natur heute bedroht und immer auch bedrohlich ist. Die Zweige in der Vase, der Gang in den Wald, der gepflegte Garten hinterm Haus – all diese Momente haben für Zeitgenossinnen und Zeitgenossen auch eine kompensatorische Funktion. Es ist nicht ‚die' Natur, die hier begegnet, sondern Natur in einer spezifischen Art und Weise: als „Refugium" und damit als „Resonanzoase".[184] Dies schmälert aber nicht deren Sinnbedeutung, sondern situiert und kontextualisiert es: Wo immer solche Naturerfahrungen wirksam werden, stärken sie das „Resistenzvermögen"[185]. Interpretiert man die kontemplativen und tätigen Praktiken als naturresonante Frömmigkeit, in der in durchaus existentieller Weise für Menschen etwas vom Grund und von der Macht des Lebens spürbar wird, dann handelt es sich gleichwohl nicht um eine ‚Naturreligion'. In ihr wird vermutlich weniger ein Glaube an die Natur praktiziert, als vielmehr eine Erlebens- und Erfahrungsweise von Natur, in der bei Menschen ein religiöser Sinn angesprochen werden kann. Als sinnenfälliges Übergangsgeschehen ins neue Leben kann es dann auch im Horizont eines österlichen Glaubens in einem weiten Sinne begriffen werden. Vielleicht gibt es neben dem kirchlichen Verkündigungsostern in dieser Lesart dann auch ein *lebensweltliches Frühlingsostern*, in dem ‚Auferstehung' noch einmal natur-, und d. h. lebensnäher konnotiert ist.

(4) Auszeiten und Andersorte

Natur begegnet Zeitgenossinnen und Zeitgenossen nicht nur als ein alltagsnaher Resonanzraum des Religiösen im Umfeld der eigenen Wohnwelt. In der Anschauung und im Erleben der ‚großen' Natur erscheint sie auch als Distanzraum zum Alltag, der religiöse oder religiös anmutende Erfahrungen ermöglicht: Meer, Berge, Wald, Heide, Wüste sind als Naturwelten Räume, die als klassische Reise- und Urlaubsziele fungieren. In ihnen verkörpert sich das Elementare des Lebens: in der Weite, Tiefe und Höhe der Naturlandschaften; als eine Kraft, die aus ihrem überdauernden oder sich immer wieder erneuernden Dasein ausstrahlt, und als (Über)Macht, in die menschliche Existenz einbegriffen ist und die sie – beruhigend und beunruhigend – übergreift. Nicht zufällig verbindet sich kulturpsychologisch mit solchem Naturerleben das Motiv der ‚Erhabenheit'; wo die Natur ungebändigt erscheint, da ist von ‚Naturgewalten' die Rede. Walter Benjamin hat den Begriff der „Aura" geprägt, ein – wie er schreibt – „sonderbares Gespinst aus Raum und Zeit", eine je und je „einmalige Erscheinung einer Ferne, so nah sie sein mag". Und er erläutert das, was als eine auratische Erfahrung gelten kann, mit einem naturresonanten Erlebnis: „An einem Sommertag ruhend einen Gebirgszug am Horizont (...) folgen", dies meint, „die Aura dieser Berge (...) atmen".[186] In dieser Weise sind Naturerlebnisorte symbolisch aufgeladen, auch dann, wenn sie heute als Urlaubswelten zugerichtet sind. Wo die Unnahbarkeit der Natur zugänglich und erreichbar gemacht wird – Robert wird in seiner Auszeit zu Fuß aufbrechen zur abgelegenen Berghütte –, da ist sie eben keine unberührte, sondern wird zur berührbaren Natur, mit all den Konsequenzen, die durch die Tourismuskritik aufgezeigt werden. Gleichwohl beruht selbst ein touristisch hochkonventionalisierter Urlaub auf dem Versprechen, dass in ihm etwas vom Grund des Lebens spürbar und – etwa im Naturerleben – erfahrbar sein könnte.

Urlaub und Reise entbinden aus der Alltagsordnung; etymologisch steckt im Urlaub die ‚Erlaubnis, sich zu entfernen', und das Wort Reise leitet sich von ‚sich erheben' ab. Vor diesem Hintergrund hat der Sozialwissenschaftler Christoph Hennig darauf aufmerksam gemacht, dass Urlaub und Religion eine untergründige Verbindung haben: „Reisen, Ritual und religiöse Erfahrung stehen in einer systematischen Beziehung. Sie rührt aus dem Bruch mit dem gewöhnlichen Leben her, der gleichermaßen die Reise wie das spirituelle Erleben kennzeichnet. In beiden Formen wird der Alltag transzendiert und im Licht einer anderen Weltsicht neu interpretiert."[187] Urlaube sind mit Sehnsucht, Verheißung und Erwartung verbunden, in ihren Praktiken folgen sie der inneren Logik von Übergangsritualen: Präparation und Aufbruch, Auszeit andernorts, Rückkehr und Erinnerung. Die Reise schafft ein Stück (Alltags)Weltabstand, auch wenn der Tourismus dazu tendiert, die Fremde nach heimisch-häuslichen Mustern zu überformen. Dabei erweist sich der Urlaub als eine besondere, biographisch reflexive Zeit; für viele Menschen ist er ein Ort, um sich „mit ihrer Lebenssituation zu befassen und über die Gestaltung ihres Lebens nachzudenken".[188] Insofern hat der Urlaub nicht nur eine regenerative Funktion, sondern auch eine klärende, anregende und schöpferische Dimension im Blick auf das Selbst. Er ist als ausgesonderte Zeit auch ein Raum, der Menschen empfänglich werden lässt für Eindrücke des Anderen, die durch Naturerlebnisse hervorgerufen werden oder sich an religiös sinnhaltigen Orten einstellen, die von Urlaubs- oder Wochenendreisenden aufgesucht werden. In jüngerer Zeit kann deshalb von einem „spirituellen Tourismus" gesprochen werden, der sich mit dem Natur- und dem Kulturtourismus verschränkt und einen größer werdenden Bereich darstellt.[189] In ihm spielen signifikante Orte – etwa Kirchen und Klöster, aber auch Passionsspielstätten oder besondere Naturorte wie Quellen oder Höhlen – eine hervorgehobene Rolle. Sie bilden das Widerlager und ein Anregungspotential für eine spätmoderne *Urlaubsfrömmigkeit*, die sich aus dem Erlebnis eines Andersortes speist und sich außerhalb der Alltagswelt, in der Zeitspanne des Unterwegsseins, entfaltet.

a) Der Kirchenbesuch als passagere Frömmigkeit

Städtetouren unternimmt sie seit einigen Jahren regelmäßig. Dabei sucht Charlotte dann gerne auch Kirchen auf, wenn sie als Sehenswürdigkeiten ausgewiesen sind; sie ist kulturell und an Historischem interessiert. Und sie mag die Atmosphäre der alten Bauwerke. Die Kirche heute hat gleich zwei Zugänge. An der linken Tür steht: „Zur Andacht", an der rechten: „Zum touristischen Besuch". Charlotte vergewissert sich vorab, auch rechts muss sie keinen Eintritt entrichten und beide Türen führen in den gleichen Kirchenraum. So wählt sie den rechten Eingang, sie ist ja Stadtkulturbesucherin. Drinnen umfängt sie die besondere Atmosphäre, die sie oft in einem solchen Bauwerk verspürt. Man bewegt sich anders. Nach einigen Augenblicken findet sie sich zurecht im Raum, schlendert, schaut in die Höhe, setzt sich einen längeren Moment in eine Bankreihe. Sie blättert im Reiseführer, dann ruht ihr Blick auf der Figur an der Säule, neben der sie sitzt. Ganz für sich ist sie jetzt da. Ob sie anschließend beim Gang durchs Seitenschiff ein Licht in der Kerzenecke entzündet, ist nicht auszumachen. Als sie dann später die Kirche wieder verlassen will, steht sie wieder vor zwei Ausgängen. Über dem einen heißt es: „Nach einer Andacht", über dem anderen: „Nach einem kulturellen Rundgang". Charlotte zögert. Naja, sie ist ja Touristin gekommen. Mmh. – Gibt es keine dritte Tür?[190]

Dass Menschen Kirchen auch außerhalb einer gottesdienstlichen Feier aufsuchen, ist heute alles andere als ungewöhnlich. Der Kirchentourismus von Ausflüglerinnen, Stadtbesuchern und Gruppenreisenden ist ein populäres Phänomen, die Zahlen der Kirchenbesuche bewegen sich hierzulande jährlich im zweistelligen Millionenbereich.[191] Charlotte ist vermutlich nicht alleine, wenn sie bei ihrem individuellen Stadttrip eine der alten Kirchen betritt.

Insbesondere die prominenten Innenstadtkirchen sind öffentliche, und dies bedeutet heute zumeist auch für Besucherinnen und Besucher geöffnete Bauwerke. Sie haben als historisch und ästhetisch signifikante Orte offenbar eine besondere Anziehungskraft. Und sie wirken in ihrer architektonischen Gestaltungsweise und ihrer Einrichtung als „individuelle Erfahrungsräume"[192] auch unabhängig von Veranstaltungen, die in ihnen stattfinden. Nun wurden im Gefolge Martin Luthers Kirchenbauten unter zwei evangelisch-theologischen Maßgaben wahrgenommen: Zum einen stellen sie in ihrem dinglichen Dasein keine ‚heiligen Orte' dar; sie sind als kirchliche Bauwerke nicht von sich aus sakral, sondern gewinnen ihre geistliche Funktion durch das, was in ihnen geschieht und kommuniziert wird. Zum anderen werden sie zu einem ‚Gotteshaus', indem und insofern die christliche Gemeinde dort Gottesdienst in seinem Namen feiert; als religiöser Raum ist eine Kirche durch die Liturgie bestimmt.

Nun bringen die klassische theologische Abgrenzung und Bestimmung das, was Charlotte und viele andere mit Kirchen verbinden und als Kirchenraum erleben, kaum hinreichend zur Geltung. Dies gilt nach außen: Im Gemeinwesen fungieren die Kirchgebäude eben auch als sichtbare und durch ihre Glocken hörbare Sinnzeichen eines öffentlichen Christentums; sie werden als Ausdruck einer historisch gewordenen Religionskultur wahrgenommen, die auch für Außenstehende – und dies eben nicht primär durch die gemeindlichen Gottesdienste – von Interesse und bedeutsam ist. Charlotte betritt vorderhand die Kirche aus kulturgeschichtlichen und ästhetischen Motiven; sie versteht sich als Stadtkulturbesucherin, deshalb wählt sie auch die rechte Tür. Dies gilt aber auch nach innen: Der Kirchenraum erweist sich heute vielerorts als Resonanz- und Artikulationsraum eines individuellen Christentums, das sich nicht in der Teilhabe an einer gottesdienstlichen Feier, sondern im freien Umgang, in der Haltung und in manchen Gesten derjenigen ausdrückt, die beim Kirchenbesuch von der Atmosphäre des Raumes ergriffen werden. Die „wirkmächtige Präsenz der Architektur, des Lichtes, der Materialität, der Akustik, der Memorabilien"[193] ist der atmosphärische „Umraum"[194], in dem sich Menschen in einer Kirche situiert empfinden und auf den sie unwillkürlich-bewusst reagieren: Charlotte hält inne, bewegt sich anders, sucht in ihren Blicken die Höhe und Weite des Raumes und einiges mehr. Sie ist jetzt ganz da. In das aktuale Erleben geht ikonographisches Vorwissen ein – die Symboliken, die Anordnung, die Bildwelten sind Charlotte vermutlich nicht völlig unvertraut –, und es mischen sich nicht selten auch persönliche und kollektive Erinnerungen ein. Dabei vermag der Kirchenraum durchaus auch bei religiös Unerfahrenen und Ungeübten zu wirken; auch sie erleben ihn als außergewöhnlich, als außerhalb des gewöhnlichen Lebens. Er nötigt keineswegs zur Andacht, kann aber auch Menschen in ihrem Verhalten und in ihrer Gestimmtheit andächtig werden lassen, die ihren touristisch motivierten Kirchenbesuch selbst gar nicht dezidiert als einen „religiösen Akt"[195] beschreiben würden.

Vor diesem Hintergrund lässt sich der Kirchenraum als ein intermediärer Raum, als ein Zwischenraum interpretieren, dies in einem dreifachen Sinne: Erstens sind Kirchen geistliche, kulturelle und historische Orte in einem; sie sind zugleich ein künstlerisch gestalteter und ein religiös geformter Raum. Als Dimensionen des Kirchenraums liegen das Religiöse und das Ästhetische ineinander; Kirchengebäude sind ihrer spätmodernen Lesart nach ‚hybrid', sie vermischen die Sphären von Religion und Kunst/Architektur.[196] Deshalb können sie auch auf unterschiedlichen Ebenen erlebt und gedeutet werden: mit historischem Interesse, ästhetischem Sinn oder religiöser Motivation.[197] So kann auch der religiös Unmusikalische etwas von der „Verkörperung des religiösen Sinns" durch die Atmosphäre des Raumes wahrnehmen, weil sich diese ihm in ästhetischer Weise mitteilt und er sie mitzuspüren vermag, ohne selbst religiös werden zu müssen. Intermediärer Raum in diesem Sinne meint: Kirchen verknüpfen unterschiedliche Sphären und machen sie wechselseitig durchlässig. Zweitens sind Kirchen jedoch auch Räume, die es den Subjekten erlauben und womöglich sogar nahelegen, die Sphären zu überschreiten und d. h., von der einen auf die andere Ebene zu wechseln. Dies muss gar nicht in bewusster Absicht geschehen, sondern kann sich – womöglich würde es Charlotte so beschreiben – so ‚ergeben'. Wenn sie eine Kirche als bildungsinteressierte Touristin besucht, ist damit nicht ausgemacht, dass sie darin nicht zugleich auch noch anderes erlebt. Auch in diesem Sinne kann sich ein Kirchgebäude als intermediärer Raum erweisen, als ein Erfahrungszwischenraum, der nicht dazu nötigt, zu entscheiden, ob man eine ästhetische Erfahrung macht oder eine religiöse Empfindung verspürt. Der Kirchenraum ist damit ein Frömmigkeitsraum für ein ‚unentschiedenes' Christentum, das zwischen kultureller und religiöser Praxis oszilliert.[198] Schließlich kann man drittens das Kirchgebäude auch als einen intermediären Raum verstehen zwischen dem, was im und durch das Bauwerk als ‚Sakralität' wahrgenommen, und dem, was in den Subjekten als deren eigene Religiosität angesprochen wird.[199] Dass Charlotte auf ihre Art andächtig wird, hat etwas mit der Atmosphäre und der Ausstrahlung des Raumes und es hat etwas mit ihrer Person, mit ihren religiösen Anschauungen und Empfindungen zu tun; beide Enden verknüpfen sich zu einer temporären und ortsgebundenen Form der Frömmigkeit.

Die passagere Frömmigkeit individueller Besucher und Besucherinnen – die Mehrzahl ist weiblich – in städtischen Kirchen ist milieuspezifisch verankert, ohne auf einzelne Milieus beschränkt zu sein. Es ist gleichwohl tendenziell ein „kirchennahes, gut gebildetes, hochkulturell orientiertes, älteres Publikum"[200], das in dieser Weise touristisch unterwegs ist und, eingebettet in ästhetische Erfahrungen, Formen einer ‚unverfänglichen' Frömmigkeit praktiziert.

b) Die Aura des Klösterlichen

Im Kirchenvorstand der evangelischen Gemeinde ist es kein Kontrovers-, aber wieder ein Klagethema: Fortwährend Strukturdebatten und Finanzfragen, Administration und Personalentscheidungen. „Als wären wir der Verwaltungsrat der städtischen Wasserwerke", klagt ein langgedientes Mitglied, „dabei geht es uns doch um etwas anderes". „Wir bräuchten einfach mehr Zeit für das Geistliche", sekundiert die Nachbarin. Alle wissen: Das lässt sich nicht einfach über eine Ergänzung der Tagesordnung bewerkstelligen. Stattdessen: Mal wieder einen theologischen Gesprächsabend über Glaubensfragen; einen Gottesdienst, den sie gemeinsam vorbereiten und gestalten; einen spirituellen Spaziergang mit Impulsen. Ideen stehen im Raum. „Jedenfalls sollte es etwas sein, das uns persönlich etwas gibt; möglichst so, dass wir aus unsrem Trott rauskommen", nimmt einer die Voten auf. Und dann hat die stellvertretende Vorsitzende den lösenden Vorschlag: „Statt des nächsten KV-Arbeitswochenendes gehen wir für drei Tage in ein Kloster, da tanken wir auf." Die Runde ist vom Vorschlag angetan – Kloster, das verspricht und hat was.

Neben den Kirchen sind es vor allem Klöster, die heute als signifikante Orte des Religiösen gelten und wahrgenommen werden. Etliche der bekannteren Klosteranlagen sind, ähnlich wie prominente Stadtkirchen, Ausflugsziele und touristische Anziehungspunkte. Als eine markante Lebensgestalt innerhalb des Christentums mit einer langen Geschichte wird das Kloster als ein besonderer Raum wahrgenommen, in dem sich Frömmigkeit auf eigene Weise ausdrückt. Das Kloster repräsentiert Religion in außergewöhnlicher und intensivierter Form. Dabei ist es heute bemerkenswert, dass entgegen aller theologischen Vorbehalte auch auf evangelischer Seite das Klösterliche geradezu zum Inbegriff des Geistlichen avancieren kann. Wenn man für einige Tage ins Religiöse eintauchen möchte, um geistlich „aufzutanken", dann ist dies – so mutmaßt der Kirchenvorstand – am ehesten im Kloster möglich. So sind auch spezifische Veranstaltungsangebote innerhalb von Klöstern und ebenso Gelegenheiten, im ‚Kloster auf Zeit' für einige Tage oder eine Woche als Gast mitzuleben, etwas, was in spirituell interessierten Kreisen Resonanz findet. Die temporäre Zeit in einem Kloster oder die Teilnahme an einem Kurs oder Workshop im Lebensraum eines Klosters speist sich aus der Vorstellung oder der Erfahrung, sich und Welt dort anders zu erleben. Solche mit dem Klösterlichen verbundene Praxis ist weniger eine passagere Frömmigkeit, wie es der punktuelle Besuch einer Citykirche nebenbei darstellt; sie ist eher eine bewusste *Auszeitfrömmigkeit an einem religiösen Andersort*. Entsprechend unterschiedlich ist im baulichen wie bildlichen Sinne die Zugänglichkeit für Außenstehende: In die Kirche gelangt man, indem man selbständig die Kirchenschwelle übertritt, die Tür ist offen; ins Kloster kommt man (nur) hinein, wenn man durch die Klosterpforte eingelassen wird. Das Kloster ist das buchstäblich ‚Abgeschlossene' (claustrum); es ist räumlich nicht selten eine entlegene, lebensweltlich ‚abseitige' Einrichtung.

Als spiritueller Raum ist das Kloster doppelt authentifiziert: Es ist eine religiöse Örtlichkeit, ausgewiesen durch einen sakralen Raum, der Klosterkirche oder Ordenskapelle, und eingefasst in ein bauliches Ensemble, das eine architektonische Eigenwelt kreiert. Und es steht zugleich für eine dezidiert religiös bestimmte, monastische Lebensform in einer ausgesonderten Gemeinschaft, die in hoher Verbindlichkeit ein eigenes Lebensmodell praktiziert. Beides zusammen erst bringt die Aura des Klösterlichen hervor. Das Prinzip des klösterlichen Lebens beruht auf der Logik einer selbstgewählten Aussonderung, die offenbar Zeitgenossinnen und Zeitgenossen gleichermaßen befremdet wie reizt. Denn während ein Leben im Kloster als dauerhafte Lebensform von immer weniger Menschen hierzulande praktiziert wird, ist das Interesse der anderen am klösterlichen Leben erheblich. Religiös gastweise, als ‚Einkehr', daran zu partizipieren, folgt einer Logik der temporären und räumlichen Absonderung – für einige Tage im Kloster zu sein und sich auf dessen Lebensrhythmen einzustellen, bedeutet, „aus dem Trott" herauszukommen. Der Ausstieg auf Zeit lebt von Kontrasterfahrungen zur familiären und beruflichen Existenz, das Kloster erscheint als religiöses Refugium im Gegenüber zu den Anforderungen des bürgerlichen Lebens.

Für die heutige Wahrnehmung des Klösterlichen sind einzelne Ordensmenschen als religiös kundige Personen wichtig, allen voran der Benediktinerpater Anselm Grün, der mit seinen zahlreichen Publikationen geradezu eine eigene Sparte spiritueller Ratgeberliteratur und Praxisbücher zu existentiellen Themen etabliert hat. Aus dem Reservoir monastischer Traditionen speisen sich Facetten und Stichworte spätmoderner Frömmigkeit und transzendenzorientierter Lebensführung: Achtsamkeit, Verzicht, Verlangsamung, Rhythmisierung, Natursensibilität, Konzentration, Stille und manches mehr. Die Elemente, die aus Schriften, Vorträgen und Workshops Frömmigkeit anregen (sollen), sind wiederum doppelt autorisiert: Es handelt sich um Traditionswissen und um Praktiken einer religiös exklusiven Institution und zugleich um das erprobte Erfahrungswissen, für das eine Person durch ihre Lebensführung verbindlich einsteht und das sie selbst verkörpert. Außenstehende beggnen spirituell ‚Eingeweihten' und einer religiösen Lebenshingabe, an deren Aura sie teilhaben, ohne sie zur eigenen Sache machen zu müssen. Wo sie als spirituelle Techniken – etwa der Meditation – ins eigene Leben aufgenommen werden, sind sie zumeist eine individualisierte Praxis. Der Klosterbesuch oder die Übungen der Ratgeberliteratur machen die Beteiligten nicht zum Mitglied einer festen Gemeinschaft, wohl aber zum Teil einer religiösen Szene ähnlich Gestimmter, denen es um „Selbstfindung, Sinnsuche und Spiritualität"[201] geht. Die Angebote erreichen überwiegend Frauen, vornehmlich Menschen der mittleren Generation und mehrheitlich Personen, die sich auch anderweitig kirchlich engagieren.[202] Was sich in anderen Bereichen als Wellnesskultur etabliert hat, steht im klösterlichen Zusammenhang unter dem Vorzeichen einer religiös konnotierten Kultur des „Selfness" (Matthias Horx)[203], mithin einer Selbstformungspraxis im Kontext leiblich-spirituellen Erlebens. Das ‚Monastische' steht dabei – als Unterkunft und im Tagesablauf, insgesamt in seiner Anmutung – für eine Kultur der Einfachheit; es verheißt, sich einschränken zu können, um sich zu konzentrieren und zu orientieren. Die Kurse und Workshops im Kloster richten sich als gruppengestaltende Angebote an Einzelne; in ihnen verknüpfen sich vielfach genuin religiöse Formate (etwa die Gestaltung christlicher Festtage oder Zeiten) mit Aspekten der Gesundheit (Ernährung, Körperarbeit etc.), der Regeneration (Rückzug, Naturerleben etc.) und der Kultur (bspw. musische oder literarische Aktivitäten): Psalmen malen, spirituelle Wandertage, Tage der Stille, Garten der Achtsamkeit, Fasten als Selbsterfahrung, adventliches Singen und vieles mehr. Auch hier zeigt sich der ‚hybride' Charakter gegenwärtiger Frömmigkeit, die in der Aura des Klösterlichen einen bewusst außergewöhnlichen Ort auf Zeit sucht.

3. Die Frömmigkeit des Körpers

> Die Predigt war für Jana, die Konfirmandin, eine Stillhalteübung. Als sie anschließend zum Gebet aufsteht, spürt sie, wie ihr linker Fuß eingeschlafen ist. „So, wie wir sind, mit allem, was uns bewegt, stehen wir vor Dir, Gott", beginnt der Pfarrer. Jana versucht den Krampf loszuwerden, hebt das Bein und drückt den Fuß gegen den Vordersitz, dabei wackelt sie ziemlich hin und her in der Bank. Sie fängt sich einen scharfen Blick ihrer Mutter neben ihr ein: Musst du so hibbeln in der Kirche! Zur Konfirmation, die in wenigen Wochen ansteht, hat sich Jana eine richtige Wandertour mit ihrem Vater gewünscht, nur sie beide alleine. Seit sich ihre Eltern vor einiger Zeit getrennt haben, hat sie wenig Kontakt mit ihm. Er war berührt, als sie ihn darauf angesprochen hat, die Mutter war erleichtert. Zumal der letzte gemeinschaftliche Abend der Familie – man hatte sich noch einmal gemeinsam zum Abendessen zusammengesetzt, um zu reden –, eher schiefgegangen ist. Robert, ihr älterer Bruder, hat keinen Bissen gegessen. „Du musst jetzt aber nicht Fasten", hat der Vater gesagt. Den müden Scherz fanden alle blöd, der Vater selbst auch.

Wird Frömmigkeit als Praxis verstanden, dann wird sie nicht nur als etwas Geistiges begriffen. Religiöse Praxis hat auch einen *körperlichen Aspekt*, sie manifestiert sich im leiblichen Dasein. So ist die Körperhaltung im Gebet keineswegs akzidentiell, sondern ist mit dem Akt des Betens und dem, was ihn ausmacht, verbunden. Dies mögen, auf je unterschiedliche Weise, Mutter wie Tochter leiblich spüren. Vielfach ist selbstkritisch wahrgenommen worden, dass die Geschichte des Christentums auch eine Geschichte darstellt, in der das Körperliche eher negativ belegt ist oder abgeblendet wurde. In jüngerer Zeit ist die Praktische Theologie stärker körpersensibel geworden; sie thematisiert beispielsweise ‚Körper beten' oder ‚Leiblich lernen', sie fragt im Blick auf den Gottesdienst nach dem Verhältnis von ‚Körper und Kult' oder nach ‚Leiblichkeit in der Seelsorge'.[204] Unter dem Vorzeichen anthropologischer und phänomenologischer Beiträge sind die Kultur- und Sozialwissenschaften insgesamt auf die Bedeutung des Körpers bzw. des Leibes aufmerksam geworden, sodass gelegentlich sogar von einem body turn gesprochen wird. Dies schlägt sich, verstärkt durch genderbewusste Perspektiven aus dem Feld der feministischen Theologie, auch in der praktisch-theologischen Wahrnehmung religiöser Praxis nieder. Ohne die Debatten im Einzelnen hier nachzuzeichnen, sind es vor allem zwei Differenzierungen, die für die neuere Diskussion wichtig geworden sind: Auf die philosophische Anthropologie Helmuth Plessners geht die Unterscheidung von ‚Körpersein' und ‚Körperhaben' zurück.[205] Der Mensch ist in seinem Dasein ein körperliches Wesen und seine Körperlichkeit ist ihm vorgegeben. Zugleich hat der Mensch einen Körper, zu dem er sich verhält und den er gestaltet. In ähnlicher Weise differenziert die phänomenologische Tradition die Begriffe ‚Leib' und ‚Körper'.[206] Das eigenleibliche Spüren ist ein vorreflexives Empfinden des eigenen Ichs, mithin die subjektive Seite der eigenen somatischen Existenz in der Welt. Den eigenen Körper oder den eines Anderen wahrzunehmen, bedeutet bereits, das leibliche Dasein zu verobjektivieren, es beinhaltet ein Körperwissen und ist durch Körperbilder geprägt. Umgangssprachlich ist davon die Rede, dass man etwas ‚am eigenen Leib' erfahren habe, während man davon spricht, dass bei manchen Anstrengungen ‚der Körper nicht mehr mitspiele'. Gleichwohl kann gelten, dass Leib zu sein, immer daran gebunden ist, einen Körper zu haben. So muss man die Unterscheidung in unserem Zusammenhang nicht weiter vertiefen, kann aber zunächst festhalten: In der Gegenwart lässt sich eine neue Aufmerksamkeit für das Körperliche erkennen, die *korporale Dimension* menschlichen Daseins und auch kultureller Praxis ist stärker ins Bewusstsein getreten.

Dies gilt auch im Blick auf Frömmigkeit. Körperliche Praktiken wie das Pilgern oder Fasten finden Resonanz bei Zeitgenossinnen und Zeitgenossen. Dies hängt vermutlich mit mindestens vier Aspekten zusammen, in denen die Bedeutung körperlicher Aktivitäten und körperlichen Erlebens in der Gegenwartskultur zur Geltung kommt: Erstens ist der eigene Körper heute eng mit der Ich-Identität verknüpft. Angesichts diffundierender Selbstbilder wird die Gestaltung des eigenen Körpers zu einem wesentlichen Moment auch mentaler Selbstformung, der Körper avanciert zu einem „zentralen Bezugspunkt bei der Frage nach Sinn und Identität"[207]. Zweitens erweisen sich für viele Menschen körperliche Aktivitäten und körperliches Erleben als ein Medium von Selbst- und Welterfahrungen, die auch in Übungen der Frömmigkeit erschlossen und erprobt werden. Der eigene Körper ist drittens der Ort, an dem die Grenzen der Selbstverfügbarkeit auch schmerzhaft spürbar werden; er ist vulnerabel und endlich. Viertens ist körperliche Praxis – als Bewegung, Anstrengung, als körperliches Tun und bewusster Umgang mit körperlichen Bedürfnissen – zu einem wichtigen Element des Vitalerlebens geworden; gerade in einer Gesellschaft, in der Arbeit, Wissen, Mobilität und womöglich auch Beziehungen sich tendenziell von ‚realer' Körperlichkeit abkoppeln. Der Körper trägt in einer immer mehr als ‚abstrakt' empfundenen Welt das Versprechen, konkret, gegenwärtig und echt zu sein.[208]

(1) Pilgern

a) Frömmigkeit in Bewegung

Es gibt in jüngerer Zeit kaum ein Buch, das eine so starke Wirkung erlangt hat wie Hape Kerkelings „Ich bin dann mal weg"; ein Reisebericht, in dem er seine persönlichen Pilgererfahrungen auf dem Jakobsweg schildert.[209] Millionenfach verbreitet, ist der Titel zu einem geflügelten Wort geworden. Zugleich hat der autobiographische Bestseller des bekannten Entertainers viele Menschen angeregt, selbst die Praxis des Pilgerns auszuprobieren und sich auf den Weg zu machen. In den Folgejahren nach Erscheinen des Buches hat sich die Zahl der auf dem Jakobsweg Pilgernden aus Deutschland, die in Santiago de Compostela registriert wurden, nahezu verdoppelt.[210] Bereits seit den 1990er Jahren hat sich das Pilgern als Praxis immer mehr verbreitet, es gehört mittlerweile zu den populärsten Praktiken im Feld gelebter Religion. So hat sich die Gesamtzahl der Pilgerinnen und Pilger auf dem Jakobsweg in den vergangenen drei Jahrzehnten vervielfacht; lag sie 1990 noch bei ca. 5.000, so ist sie im Jahr 2019 auf etwa 280.000 angewachsen. Der Jakobsweg zieht sich in unterschiedlichen Strängen aus verschiedenen Ländern bis hin zur spanischen Stadt Santiago de Compostela, die nach alter Erzählung das Grab des Apostels Jakobus beherbergt. Der ‚Camino', wie er von Insidern genannt wird, ist dabei nicht nur der Inbegriff des klassischen europäischen Pilgerwesens, er fungiert heute geradezu als Chiffre und Narrativ des (spätmodernen) Pilgerns überhaupt. Weitere ausgewiesene Pilgerpfade durchziehen auch hierzulande viele Regionen, ein ganzes Netzwerk alter und neuer Wege ist durchmarkiert worden. Dass es neben Hildegardwegen oder Elisabethpfaden nun auch entsprechende Lutherwege gibt, zeigt, dass sich die Praxis auch im evangelischen Bereich eingebürgert hat. Wobei es nicht ohne feine Ironie ist, dass auch Luther mit seiner Kritik am Wallfahren als mittelalterlicher Form des Pilgerns zu einem Namensgeber heutiger Pilgeraktivitäten geworden ist. Offenbar haben die reformatorischen Einwände gegen die alte religiöse Praxis – Kritik an der Heiligenverehrung, am Charakter der Werkgerechtigkeit und an der Verbannung von Religiosität ins Außeralltägliche – an Plausibilität verloren; sie wirken womöglich wie Elemente eines vergangenen theologischen Disputs, der für heutige Religiosität kaum mehr relevant erscheint. Auch wenn sie Teil kirchlicher und gemeindlicher Angebote sein kann, reicht die Praxis des spätmodernen Pilgerns weit über das kirchliche Christentum hinaus. Sie bildet nicht nur ein Segment innerhalb des spirituellen Tourismus, sondern findet auch in Erfahrungsberichten und Romanen ihren literarischen Niederschlag, hinzu kommen zahlreiche Filme mit dem Sujet des Pilgerns.[211] Pilgern erscheint nicht mehr als Randphänomen kleiner Zirkel, es hat Renommee bekommen. Im Vergleich zu anderen Formen religiöser Praxis fällt auf, dass ein höherer Anteil der Pilgernden Männer sind, sich auch viele Menschen mittleren Alters beteiligen, wenn auch zunehmend Ältere, und die Zusammensetzung eine durchaus heterogene Milieustruktur aufweist.[212]

Menschen sind von jeher zu Fuß unterwegs, über die längste Zeit der Geschichte war dies die einzige Fortbewegungsart der allermeisten Personen. Dabei war das Laufen von einem Ort zum anderen bis weit in die Neuzeit hinein durchweg zweckgebunden, man ging nicht ‚einfach so', sondern wollte oder musste ein bestimmtes Ziel erreichen.[213] Auch das Wallfahren und Pilgern als alte Praxis des Glaubens war – zumeist beschränkt auf Geistliche oder einzelne Mitglieder des Adels und der bürgerlichen Oberschicht – religiös ziel- und zweckgerichtet. Erst im ausgehenden 18. Jahrhundert bildet sich im Bürgertum das Laufen als „freiwillige Aktivität"[214] aus; es entsteht eine moderne Kultur des Spaziergangs und des Wanderns. Vor dem Hintergrund einer sich industrialisierenden Gesellschaft wird insbesondere das Wandern in der Natur im Übergang vom 19. ins 20. Jahrhundert zu einer Bewegung, Wandervögel und Naturfreunde machen sich auf. Es ist die *Bewegung selbst bzw. die Selbstbewegung* per pedes, die Erfahrungen ermöglicht und in der für den modernen Menschen Sinn liegt. Zu Beginn des 21. Jahrhunderts hat das Gehen in einer Gesellschaft ‚sitzender Mobilität' – Auto, Bahn und Flugzeug als Verkehrsmittel; Internet als Verkehrsforum – noch einmal an Bedeutung gewonnen. Es bildet einen alternativen oder komplementären Raum, sich und Welt anders zu erleben. Dabei ist das Gehen als körperliche Praxis nicht nur physiologisch bedeutsam, der Schriftsteller Thomas Bernhard konstatiert: „Wenn wir gehen (...), kommt mit der Körperbewegung die Geistesbewegung."[215] Es ist die körperliche Bewegung als leiblicher Erfahrungsraum, durch die und in der sich auch das Geistige bewegt.

Das Pilgern als eine gerichtete Laufbewegung, die in einen religiösen Kontext eingebettet ist, lässt sich als *Frömmigkeit in Bewe-*

gung begreifen: Die körperliche Praxis bringt spezifische Erfahrungen hervor, die Menschen in spiritueller Weise anregen und religiös gedeutet werden können. Das hermeneutische Grundmotiv spätmoderner Pilgerpraxis formuliert Hape Kerkeling, wenn er schreibt: „Der Weg scheint täglich meine innere Verfassung nach außen hin widerzuspiegeln oder umgekehrt ... oder beides."[216] Der Pilgerweg fungiert als *Entdeckungspfad des Ichs*, er ist ein biographisch ausgelegter Weg. Dies zeigt sich auch darin, dass diejenigen, die sich zu einem Pilgerweg aufmachen, heute wesentlich durch lebensgeschichtliche Ereignisse, nicht selten durch biographische Krisen, dazu veranlasst sind: Pilgern ist dann eine bewusste Auszeit; es dient dazu, Bilanz zu ziehen, einen Übergang zu begehen oder einen Neustart zu antizipieren.[217] Der Sinn spätmodernen Pilgerns liegt im (Lebens-)Weg, der in actu zurückgelegt wird.

b) Nahaufnahmen zeitgenössischer Pilgererfahrungen

Bemerkenswert ist, dass die meisten, die sich zum Pilgern aufmachen, dies vorderhand offenbar nicht aus dezidiert religiösen Motiven tun. Jedenfalls gibt eine Studie zu erkennen, dass „nicht einmal ein Viertel aller Pilgernden (...) ‚religiöse Gründe' für seine Pilgerschaft an[gibt]"[218]. Motive sind Beweggründe, sie geben aber noch keine Auskunft darüber, was Menschen, die sich auf diese Praktik einlassen, erleben und wie sie diese Erfahrungen für sich interpretieren. In der gleichen Studie wird nämlich auch ersichtlich, dass von den Beteiligten das, was im Zuge ihres Pilgerns geschieht, „stets in transzendierender Weise erlebt und gedeutet"[219] wird. Drei exemplarische Nahaufnahmen aus einer anderen empirischen Untersuchung von Detlef Lienau zeigen, welche unterschiedlichen Facetten, biographischen Themen und religiösen Anklänge in den Wegerfahrungen auftauchen können.[220]

Viola, eine junge Frau, schildert, was sie erlebt:

> „Ja, das ist einfach die Energie, die auch irgendwie um uns rum ist, was da ist. Aber natürlich auch aus mir selber heraus, dass ich die Kraft habe, da hoch zu laufen." Und sie fährt fort: „Ich bin halt Teil von einem Ganzen (...) in diesem riesengroßen Kreislauf drin und ich bin vielleicht nur ganz klein, aber es ist einfach, davon Teil zu sein."[221]

Ihre Pilgererfahrung erlebt Viola als Energie und Kraft, die es ihr ermöglichen, aufwärts zu gehen. Dieser Antrieb (oder Auftrieb) speist sich aus zwei Quellen: aus einer überindividuellen „Energie", die sie umgibt und an der sie partizipiert, und aus einer persönlichen „Kraft", die in ihr selbst steckt und aus ihr selbst kommt. Beides sind keine Gegensätze, sondern Synergien, die zusammenfließen. Und so deutet sie sich selbst als kleinen Teil eines großen Ganzen, das in Bewegung ist und sie in Bewegung hält. Interessanterweise fasst sie damit ihren Weg (Pilgerweg, Lebensweg) in das Bild eines „Kreislaufes" ein, es ist Sinnbild für ihre „Integration in einen sie übersteigenden Zusammenhang"[222]. Viola erlebt Pilgern – gerade in der Anstrengung – als eine *vitalisierende Erfahrung*, die sie über sich selbst hinausführt und die sie mit energetischen und holistischen Deutungen belegt.

Karin, mittleren Alters, beschreibt, was sie an sich beobachtet, und deutet es:

> „Ich geh allein übern Berg, alle anderen gehen unten und das begegnet mir auch im Leben oft, ich geh anders wie alle andern." „Der Weg ist vorgegeben, (...) aber gehen musst du ihn selber (...) und obendrüber die Weite des Himmels." Und dann noch einmal bündig: „Und das ist (...) schon auch die Erfahrung beim Pilgern (...) für mich, ok, also Gott ist auch da, aber er trägt mich nicht, meinen Weg muss ich schon selber gehen."[223]

Anders als Viola artikuliert Karin ihre Pilgererfahrungen nicht im Modus des Zusammenstimmens und des Eingebundenseins. Sie markiert vielmehr durchgängig Differenzen, sie setzt ihr Ich von den Anderen ab: Ich allein übern Berg – die Anderen woanders. Hier findet *Individuation*, mithin die Frage, was ich selbst bin und was mein Weg ist, dadurch statt, dass sie sich aussondert und abgrenzt. Bis dahin, dass eine geläufige Formulierung eingelebter Religiosität (sich getragen fühlen, das heißt aufgehoben oder behütet sein) bewusst verneint wird. Zugleich ist aber das Gegenüber wichtig zur Identitätsfindung, das eigene Ich erfährt und definiert sich nur in Konstellationen: Neben und im Blick auf die Anderen erfährt sie ihr Anderssein; ihr Weg hier unten wird überspannt von der Weite des Himmels; sie geht selber und/aber Gott ist da (oder mit dabei). Karin erlebt und deutet Pilgern in markanten Entgegensetzungen, es ist für das Ich herausfordernd. Indem sie sich selbst, auch religiös markant, positioniert – hier stehe ich und gehe ich – , konstituiert sie sich als „autonomes mündiges Subjekt"[224].

Tina, gerade in Pension gegangen, resümiert ihren Pilgerweg lebensgeschichtlich:

> „[I]ch muss eben ganz viel Ballast (...) aussortieren, abwerfen". Dann „kann ich mehr nach vorne gucken, (...) dass ein neuer Lebensabschnitt beginnt. Als ob das Leben jetzt klar vor mir liegt"[225].

Tina interpretiert ihre Pilgererfahrungen, indem sie sie explizit in biographische Erfahrungen übersetzt. Wesentlich ist für sie, dass der Weg eine gerichtete Bewegung darstellt auf das hin, was vor ihr liegt. Und dies ist nicht die Fortsetzung (oder gar ein Abschluss) des Weges, sondern ein neuer Weg- bzw. Lebensabschnitt. Um ihn und sich nach hinten hin abzusetzen, muss etwas – und zwar bewusst, gewollt und aktiv – zurückgelassen werden. Der Klärung im Blick auf das aus der Vergangenheit Mitgebrachte entspricht die Klarheit im Blick auf Zukünftiges; genauer: Für Tina ermöglicht sie diese. Nach vorne hin geht es also um *Orientierung*, wobei – dies

Die Frömmigkeit des Körpers 123

speist sich womöglich aus der Erfahrung im Pilgern – nicht von einer Lebensentscheidung oder einem Lebensentwurf, sondern von einem Weg resp. vom „Leben" gesprochen wird, der bzw. das „klar" vor ihr liegt. Das Übergängige wird als ein Akt der „Befreiung"[226] erlebt, der im Übertrag auch biographisch situiert wird.

c) Pilgern als spirituelles Wandern

Synergien spüren und sich als Teil eines Ganzen empfinden; individuelle Identität ausbilden und einen Sinn für den eigenen Lebensweg finden; etwas hinter sich lassen, Klarheit gewinnen und sich neu ausrichten: Erfahrungen des Pilgerns und ihre Auslegungen sind individuell sehr unterschiedlich. Hier sind sie exemplarisch durch Äußerungen von drei Pilgerinnen angeführt, weitere Aspekte könnte man in anderen Interviews auffinden. Implizit schimmern religiöse Deutungen durch; kosmologische Wendungen tauchen auf, Momente der Selbsttranszendenz oder der Wandlung werden artikuliert. Punktuell können die religiösen Anspielungen auch explizit werden. Die Voraussetzung dafür scheint zu sein, dass die spirituellen Erlebnisse und religiösen Deutungen nicht durch die Tradition vorgegeben werden, sondern das, was individuell artikuliert wird, sich aus dem Erleben ergibt und sich als persönliche Erfahrung beglaubigt. Biographisch sinn- und auch religionsproduktiv ist beim Pilgern das „Zusammenspiel von Performanz, Erleben und Deutung"[227]. Man könnte auch sagen: Was tue ich, wenn ich pilgere; was geschieht beim Pilgern und was widerfährt mir; welchen Sinn verbinde ich damit und welche Bedeutung entfaltet es für mich? Nimmt man die zeitgenössische Praxis des Pilgerns in dieser Perspektive der sich Beteiligenden wahr, dann wird deutlich, dass es nicht das Fortleben oder eine Wiederaufnahme einer christlichen Tradition des Wallfahrens darstellt, die durch das (topographische Ziel) bestimmt war. Sie stellt vielmehr eine Gestalt einer spezifisch spätmodernen Frömmigkeit dar, deren Sinn vornehmlich im (biographischen) Unterwegssein liegt. Entsprechend individuell kann der Zuschnitt des Pilgerweges sein:

Rhythmus und Zeitmaß, Wegstrecke und Grad der Anstrengung, Individualaktivität und Gruppenbezug werden selbst bestimmt.[228] Zugleich ist aber all dies eingebettet in einen religionskulturellen Deutungsrahmen: Wer als Pilgerin oder Pilger seinen Weg läuft, „lässt sich damit auf ein Sinnmuster ein, das nicht willkürlich und subjektiv ist, sondern sich historisch und spirituell bewährt hat"[229]. Dazu gehören auch rituelle Rahmungen wie ein Reisesegen, ein geistlicher Impuls oder ein gestalteter Abschluss. Es ist als Referenz wichtig, dass das eigene *spirituelle Wandern* sich in bereits von anderen erlaufenen Pilgerpfaden bewegt und den Einzelnen in eine *communitas* derjenigen einbindet, die sich zeitgleich, schon lange vor mir und womöglich auch zukünftig, in ähnlicher Weise auf den Weg machen. Die anderen, dies können die Mitglieder einer Gruppe sein, mit der man gemeinsam pilgert und die eine Gemeinschaft auf Zeit bildet; dies können aber auch für die Einzelpilgerin diejenigen sein, denen man unterwegs begegnet und zu denen sich gelegentlich ein intensiver Kontakt ergibt.[230]

Die Äußerungen und Erfahrungen, die hier den Überlegungen zugrunde gelegt sind, stammen aus dem Feld des ‚großformatigen' Pilgerns; Viola, Karin und Tina begehen den Camino, Hape Kerkeling erzählt, was er auf vielen hundert Kilometern des Jakobsweges erlebt hat. In der heutigen Praxis des Pilgerns ist eine solche biographisch ausgespannte Auszeit ein hervorgehobenes, aber kleineres Segment. Sehr viel breiter sind vermutlich Pilgeraktivitäten gleichsam en miniature: Tages- oder Wochenendpilgern, begrenzte Pilgerurlaube, jährliche Verabredungen privater Pilgergrüppchen, eine Pilgerwoche als kirchliches Angebot und vieles mehr. Neben der größeren Pilgerreise ist es das Pilgern im ‚kleinen Format', das es heute zu einer von vielen dann und wann praktizierten Gestalt von Frömmigkeit macht. Entsprechend mag auch die existentielle Reichweite erheblich begrenzter sein; nicht jeder dreitätige Pilgerweg ist mit biographischen Herausforderungen verbunden und berührt sogleich die Identität der eigenen Person. Und doch sind auch in diese Aktivitäten Erfahrungen des Pilgerns eingeschrieben; zumindest referieren sie auf das Bild und die

Die Frömmigkeit des Körpers

Grundmotive der Pilgerreise, die dann auch – vielleicht in eher homöopathischer Dosis – im Erleben wirksam werden können.

Knapp pointiert: Die heutige Pilgerpraxis changiert zwischen religiöser und sportiver Praxis, sie verbindet Wandern mit geistlichen Anliegen, sie ist biographisch veranlasst und lebensgeschichtlich ausgelegt, sie bewegt sich zwischen individueller Aktivität und kollektiver Gesellung. Als Praxis des pilgernden Subjekts verspricht der Pilgerweg zum Entdeckungszusammenhang des eigenen Selbst zu werden, indem auf ihm das alltagsvertraute Terrain des Ich auf zuvor fremden (oder jedenfalls neu und anders zu erlebenden) Wegen überschritten wird. Für die subjektiven Erfahrungen bildet die Natur und das Naturerleben auf dem Weg einen Resonanz- und auch einen Deutungsraum. Dabei liegt die besondere Anziehungskraft und Verheißung der Pilgerpraxis in der körperlichen Erfahrung von (Selbst-)Bewegung im Laufen; Deutung und Sinn erschließen sich im Medium der Leiblichkeit. Pilgern ist als körperliche Aktivität anstrengend, zugleich ist es eine Form gesteigerter physischer und psychischer Selbstwahrnehmung, aber ebenso ein Modus, in besonderer Weise empfänglich zu sein für Sinneseindrücke und für das, was einem äußerlich und innerlich auf diesem Weg widerfährt.

(2) Fasten

Kein Alkohol, nichts Süßes. Oder kein Fleisch. Sieben Wochen ohne. Oder eine Woche nichts zu sich nehmen außer Gemüsebrühe und verdünnten Saft. Oder vom Abend bis zum nächsten Mittag gar nichts außer ungesüßten Tee. Oder einige Wochen ohne Fernsehen. Den Dezember ohne Zigaretten. Zeit ohne ... – aufmerksam für?

a) Spätmodernes Fasten

Neben dem Pilgern und noch erheblich weiterverbreitet als das spirituelle Unterwegssein ist heute eine zweite leibliche Praxis populär geworden: das Fasten. Auch hier steht das körperliche Erleben im Fokus einer Übung, die in der (religiösen) Tradition verankert ist und gegenwärtig auch durch kirchliche Kampagnen, aber doch weit über den Kreis kirchlich Verbundener hinaus, Resonanz findet und persönlich praktiziert wird. Beide Praktiken, das Pilgern wie das Fasten, sind mit subjektiven Anstrengungen verbunden; hier jedoch nicht als Körperbewegung im Medium des Laufens, sondern, so jedenfalls in der klassischen Form, als ein bewusster Umgang mit der körperlichen Notwendigkeit und dem leiblichen Bedürfnis, Nahrung aufzunehmen. Fasten bedeutet gemeinhin den *bewussten temporären Verzicht* auf Essen, auf bestimmte Lebens- oder Genussmittel. ‚Ohne' dieses oder jenes eine Zeit lang zu leben; nicht, weil es nicht vorhanden wäre, sondern weil man es so für sich entscheidet. Worauf sich das individuelle Fasten jeweils richtet, über welche Zeiträume es sich erstreckt, ist optional geworden, bewegt sich jedoch durchaus in vorgeprägten Mustern: Eine Studie zeigt, dass es vorrangig Genussmittel sind, auf die verzichtet wird, in zweiter Linie können es auch Nahrungsmittel (insbesondere Fleisch) sein oder, in deutlich geringerem Maße, auch Medien.[231] Wer heute freiwillig fastet, der unterbricht eigene Gewohnheitsroutinen und findet dafür in der Regel auch soziale Anerkennung; Frau P. etwa wird Respekt gezollt, als die anderen in der Geburtstagsrunde gewahr werden und miterleben, dass sie auf Wein und Nachtisch verzichtet, weil sie bei ‚Sieben Wochen ohne' mitmacht. Nahezu 2/3 der Menschen hierzulande, so eine Befragung, haben eigene Fastenerfahrungen, nur jede bzw. jeder Zehnte hat am Fasten persönlich kein Interesse.[232]

Fasten ist eine der wenigen, aus dem religiösen Kontext stammenden Praktiken, die in der Spätmoderne in der Mitte der Gesellschaft regelmäßig oder sporadisch ausgeübt werden. Wie das Pil-

Die Frömmigkeit des Körpers

gern findet es sich in vielen Weltreligionen, es hat sich heute jedoch aus dem engeren Bereich der Religionsgemeinschaften herausgelöst und verbindet sich mit unterschiedlichen Motiven. Es kann als Heilfasten aus gesundheitlichen Gründen praktiziert werden und als Intervallfasten eigene Ernährungsgewohnheiten verändern. Es kann als Speisefasten auf ein verändertes Körpergefühl oder einen bewussteren Umgang mit Lebensmitteln zielen und als Genussmittelfasten darauf aus sein, die eigene Unabhängigkeit zu erproben und zu stärken. Insofern ist die heutige Praxis mehrheitlich kaum als schlichte Weiterführung einer traditionalen Form von Religiosität zu verstehen, ihre zeitgenössische Popularität speist sich vielmehr aus *sozialen Kontexten der Gegenwart*. Mindestens drei Zusammenhänge, in die das Fasten eingebettet ist, lassen sich namhaft machen:

Sein gesellschaftlicher Kontext liegt hierzulande in einem, unbeschadet sozialer Diskrepanzen, insgesamt gewachsenen Wohlstandes, der ein Überangebot auch an Lebensmitteln mit sich bringt, sodass – wenn auch nicht durchschlagend als Alltagsverhalten, so doch als ansprechbares Bewusstsein – konsumkritische Haltungen stärker Resonanz finden. Was und wieviel man isst, welche Nahrungsmittel tunlich sind und wie sie erzeugt werden, ist zum Thema und zum Problem geworden. Was Essen und Genussmittel angeht, ist eine ‚Ökonomie des Genug' in den sozial gepolsterten Milieus ein Ausweis vernünftiger und verantwortlicher Lebensführung geworden. Dabei liegt die Scheidelinie zwischen auferlegten Einschränkungen und eigener Selbstbegrenzung. Fasten ist temporäre Einübung in selbstbestimmten Verzicht. Man muss es nicht, kann es aber.

Der kulturelle Kontext der Fastenpraxis besteht in einer neuen Aufmerksamkeit für das Körperliche und insbesondere in einem Gesundheitsbewusstsein, dass stärker auf den Zusammenhang von Lebensweise und leib-seelischem Befinden abhebt. Die Fitnessbewegung hat sich zu einer Wellnessbewegung erweitert, zu der auch Heilfasten und Fastenkuren gehören. Mit der Diät als einem nahezu flächendeckenden und milieuübergreifenden Phänomen verwandt, ist das Fasten als Praktik und seinem Selbstverständnis nach von ihr abgesetzt; es dient eben nicht (nur) der Ernährungsumstellung, sondern ist eine leiblich-mentale Formung des Selbst.

Eine Kippstelle zwischen Gesundheit und Krankheit liegt dort, wo die Regulierung der Ernährung und der Verzicht auf Essen umschlägt in die Pathologie von Essstörungen als ‚Hungerkrankheiten', in der der eigene Leib ausgehungert wird.[233] Demgegenüber ist das Fasten etwas, was im eigenen Befinden positive Effekte hat: 2/3 der Fastenden, die befragt wurden, haben sich in dieser Zeit körperlich besser gefühlt.[234]

Der individuelle Kontext schließlich zeigt sich darin, dass das Fasten heute darauf abzielt, das Selbsterleben körperlich und mental zu intensivieren. Der temporäre Verzicht auf bestimmte Lebensmittel reduziert das eigene Leben nicht, es ist vielmehr auf dessen „Bereicherung" aus und geht mit einer „erhöhten Selbstwahrnehmung" einher.[235] Fasten, um ‚Hunger' (auf etwas) zu spüren, steigert das „emotionale und sinnliche Erleben", gelegentlich bis hin zu einer „ekstatischen Qualität und Leichtigkeit im Körpergefühl".[236] Fasten ist ästhetisch als leibliches Erleben und ethisch als Erprobung in Enthaltsamkeit ein Moment des ‚guten Lebens'. Fasten negiert die leibliche Existenz nicht und wertet sie nicht ab, es stimuliert vielmehr das körperliche Erleben in einer Form spätmoderner ‚Askese'.

Insofern ist das Fasten *diszipliniertes Verhalten*. Aber anders als in vielen anderen Lebensbereichen unterwirft sich die Fastende nicht äußeren Zwängen, sie übt vielmehr Selbstkontrolle aus. Dies ist der psychodynamische Kern der Fastenpraxis: die Probe bewusst einzugehen und zu bestehen, die eigenen Bedürfnisse und Gewohnheiten auf Zeit kontrollieren zu können, mithin ‚Herrin im eigenen Haus' zu sein. Fasten ist gleichsam eine Machtprobe, es ist ein Prozess der „Selbstkonfrontation"[237]: Bin ich diejenige Person, die ihre Gelüste beherrschen kann. Und zugleich führt das Fasten über die eigenen Bindungen und Routinen hinaus, löst und öffnet das Ich, das sich anders wahrnimmt, aufmerksamer und achtsamer ist. Manchmal vielleicht auch reizbarer und empfindlicher. Fasten ist eine leibliche Form der Selbstvergegenwärtigung und womöglich ein Akt der „Selbstunterbrechung" (Dorothee Sölle).[238] Körperlich und seelisch ist das, was im Fasten erlebt wird, deshalb keineswegs schmerzfrei. In Interviews erzählen Menschen davon, wie sie in dieser Zeit empfindsamer für eigenes und fremdes Leid geworden sind; sie setzen sich in dieser Auszeit vom Gewohnten auch mit Abhängigkeiten, Scheitern und Schuld auseinander.[239] Fastenzeit kann durchaus auch Anteile einer persönlichen Passionszeit haben. Dies ist ein Anhaltspunkt dafür, dass man das Fasten auch als eine spätmoderne Frömmigkeitspraktik verstehen kann. In welchem Sinne könnte man es in dieser Weise rubrizieren und interpretieren?

b) Fasten als religiöser Erfahrungsraum

Fragt man zunächst nach der Motivation, die Menschen zum Fasten bringt, dann ist der Befund ähnlich wie beim Pilgern: Dezidiert religiös begründet nur eine Minderheit der Fastenden, etwa 17 %, ihr Tun. Für nahezu 90 % der Befragten sind es subjektbezogene Gründe, etwa das körperliche Wohlbefinden, die sie zum Fasten veranlassen; immerhin 35 % geben an, dass für sie kritische Aspekte der Lebensführung wie das gängige Konsum- oder umweltschädigendes Verhalten wesentlich sind.[240] Eine direkte, allerdings segmentäre Verbindung von Religion und Fastenerfahrung zeigt sich darin, dass diejenigen, die sich selbst als prinzipiell religiös einschätzen, nicht nur ihre Fastenpraxis signifikant stärker religiös begründen, sondern auch durch das Fasten mehr als andere in ihrer Religiosität angeregt werden.[241]

Für das Verständnis der Fastenpraxis als einer Facette spätmoderner Frömmigkeit im weiteren Sinne sprechen zwei weitere Einsichten: Zum einen ist es auffällig, dass 2/3 der Befragten, darunter sogar die Hälfte der Konfessionslosen, in Zeiten fasten, die als traditionelle Fastenzeiten durch die religiösen Traditionen vorgeben sind; der überwiegende Teil in den vorösterlichen Wochen. Offenbar ist auch die individuelle Praxis des Fastens *religiös gerahmt* und damit in einen Sinnhorizont eingefasst, der die persönliche Praxis grundiert.[242] Diese Rahmung wird als dezidiert religiöser Impuls in der prominenten kirchlichen Aktion ,Sieben Wochen ohne' wirksam, an der gegenwärtig in der Passionszeit über 2 Millionen Menschen teilnehmen.[243] Zum anderen geben mehr als die Hälfte der Befragten an, dass sie sich im und durch das Fasten nicht nur körperlich, sondern auch seelisch besser gefühlt haben.[244] In dieser Auskunft schwingt mit, dass im Fastenerleben eine Dimension des Selbst berührt wird, die über das Physiologische hinausreicht und hinausführt. Was hier vermerkt wird, lässt sich im theologischen Horizont auch religiös deuten. Mit Manfred Josuttis verbinden sich mit dem Fasten im religiösen Sinne drei Motive, die nach meiner Lesart[245] in abgeblasster, impliziter Weise auch in heutigen spätmodernen Fastenerfahrungen zur Geltung kommen: Erstens ist Fasten ein Akt der „Reinigung"[246], der durch Verzicht auf bestimmte Nahrungs- oder Genussmittel körperlich geschieht und zugleich zu einer Wachheit der Sinne und einer Öffnung des Gemüts führt. Fasten wird zweitens traditionell als ein Prozess der „Buße"[247] verstanden, d. h. es beinhaltet auch Erfahrungen, kritisch zur eigenen Lebensweise, mithin zu Gewohnheiten und Bedürfnissen, in Distanz zu treten, um sich neu zu orientieren und auszurichten. Schließlich kann Fasten drittens als Erfahrung gesteigerter „Lebenskraft"[248] erlebt werden, die in Fluss kommt und durch die Menschen leiblich vitalisiert werden.

Ein knappes Fazit: Fasten ist heute eine kulturell akzeptierte, hochindividualisierte Körperpraxis, in der ein temporärer selbstgewählter Verzicht auf bestimmte Nahrungs- oder Genussmittel unterschiedlich motiviert ist. Als spätmoderne Frömmigkeitspraxis bewegt es sich in einem religionskulturellen Horizont und zugleich zwischen Aspekten von Gesundheit und Selbstspüren, sozialer Esskultur und persönlichen Gewohnheiten, zwischen Abhängigkeitserfahrungen und Selbstmächtigkeit, Konzentration auf sich selbst

Die Frömmigkeit des Körpers 131

und Weitung sinnlicher und mentaler Wahrnehmungsmöglichkeiten. Fasten ist ein Modus der Unterbrechung; es schafft im Alltag einen außeralltäglichen Raum korporaler und seelischer Selbsterfahrung, die auch religiös anmutende und deutbare Momente enthalten.

(3) Yoga

a) Yoga als Grenzüberschreitung

Herr R. geht zum Yoga, Mittwochabend ins Gemeindehaus. Er und Yoga – wer hätte dies gedacht, er selbst am allerwenigsten. Als er noch im Kirchenvorstand gewesen war, hatte er für solche Aktivitäten in der Kirchengemeinde wenig übrig. Er hat die Stirn gerunzelt, als die Pfarrerin christliche Meditationskurse angeboten hat. Hingegangen wäre er da nie und auch mit Gospelgottesdiensten, bei denen man klatscht und swingt, hat er Schwierigkeiten. Auf Nachfrage erklärt er, er sei eben religiös hüftsteif. Seit er den schlimmen Rückenvorfall hatte und durch die andauernden Schmerzen, hat sich jedoch einiges verändert und bewegt, in ihm und auch in seinem Leben. Er kommt an Grenzen, nicht nur körperlich. Dabei ist er gerade mal mittelalt. Und so hat er schließlich doch eingewilligt, einmal mit der Freundin mitzugehen zum Yoga. Er ist wiedergekommen, mittlerweile geht er regelmäßig, auch ohne sie. Die Stunde tut ihm gut. Ist dies nun Sport oder Physio oder Therapie oder religiöse Praxis; wer weiß? Am Anfang und am Ende jeder Stunde jedenfalls – mit der kurzen Körpermeditation und einem rituellen Gruß – erscheint es ihm wie eine spirituelle Übung, und das gehört für ihn auch dazu. Mit „seiner" Religion allerdings würde er es nicht in Verbindung bringen. Nun kann die nächsten Wochen das Gemeindehaus nicht genutzt werden, es wird umgebaut. „Wir werden", so verkündet die Yogalehrerin nach der Stunde, „die nächsten Male in die Kirche gehen. Da ist genügend Platz und es ist", so fährt sie fort, "ein guter Ort. Der Kirchenvorstand hat sein Placet gegeben." Herr R. stockt: Yoga in der Kirche – kann das sein, will er das?

Herrn R. beim Yoga anzutreffen, ist etwas unerwartet; für diejenigen, die ihn kennen und ebenso für ihn selbst. Unwahrscheinlich aber ist es nicht. Denn Yoga ist mittlerweile zu einer der populärsten Arten von körperbewegten Praktiken in der Gegenwart geworden; etwa zweieinhalb bis mehr als vier Millionen Menschen – die statistischen Zahlen sind ungenau und differieren – praktizieren es hierzulande regelmäßig oder sporadisch. Dabei sind es vornehmlich Frauen, viele berufstätig, die in Kursen und Gruppen aktiv sind. Die Kontexte, in denen Yoga außerhalb der eigenen vier Wände ausgeübt wird, sind vielfältig; es wird von unterschiedlichen Yogaschulen ebenso angeboten wie in Sportvereinen oder von Seiten der Volkshochschulen, an Yogawochenenden im Kloster kann man teilnehmen und an Yoga im Urlaub, gelegentlich, wie in diesem Fall, findet es sich auch als Angebot im kirchengemeindlichen Leben vor Ort. Als Praxis ist Yoga nicht einer einzigen Sphäre zugeordnet: Es kann als sportliche Betätigung angesehen oder als Element von Physiotherapien eingesetzt werden; es kann – verknüpft mit seinen meditativen Anteilen – als eine *leiblich-mentale Übung* und als Religionspraxis verstanden werden. Dass es heute eine so große Reichweite hat und für viele zugänglich ist, basiert auch darauf, dass es zwischen diesen unterschiedlichen Wahrnehmungen und Zuschreibungen changiert und vorweg nicht dazu nötigt, sich definitiv festzulegen.

Die vorgestellte Szene gibt mehrere Aspekte zu erkennen, die signifikant sind: Erstens drängt sich hier zunächst eine gendersensible Wahrnehmung körperbezogener Praktiken geradezu auf, die Szene bewegt sich nahe an der Grenze zur Karikatur. Herr R. fremdelt, gerade im Kontext von Religiosität, mit spezifischen Formen leiblicher Praxis. Anders als etwa beim Pilgern scheinen körperliche Praktiken wie Yoga, die auf das eigenleibliche Spüren abheben,

Die Frömmigkeit des Körpers

mit gängigen männlichen kulturellen Leitbildern schwerer verträglich zu sein. Es dürfte kein Zufall sein, dass der Zugang weiblich ‚vermittelt' ist, Herr R. geht zunächst mit der Freundin mit. Zweitens ist sein Einstieg in die Yogapraxis ein durch sein körperliches Befinden biographisch veranlasster Akt. Spätmoderne Frömmigkeit ist, so lässt sich auch an anderen Stellen beobachten, häufig lebensgeschichtlich motiviert und unterfüttert, sie hat nicht selten einen schmerzhaften Untergrund in der Erfahrung mit sich selbst. Das Bedürfnis, mit der eigenen (körperlichen) Befindlichkeit anders umzugehen, und die Bereitschaft, für diese Veränderung etwas zu tun und sich in diesem Fall auf Yoga oder ähnliche Praktiken einzulassen, wurzelt in *körperlichen Defizit- oder Grenzerfahrungen*, die zugleich immer auch das Mentale berühren. Das körperliche Sosein ist durch den Rückenvorfall unabweisbar selbst zum Thema geworden und es wird dann als leibliche Praxis durch Yoga auch zum Thema gemacht. Beides – der Schritt über das eigene männliche Selbstbild und über den bisherigen Umgang mit dem eigenen leiblichen Dasein hinaus – sind je auf ihre Weise kulturelle und biographische Grenzüberschreitungen; jedenfalls für Herrn R.

Dies gilt auch und noch einmal markanter, wenn Yoga als spirituelle Praxis wahrgenommen wird. Religionskulturell stammt es, anders als Beten, Pilgern oder Fasten, aus einer ‚fremden' Tradition. Und dies wird für Herrn R. auch als ein spezifisches Differenzempfinden wirksam: Als individuelle spirituelle Praxis kann er Yoga praktizieren und es sich zu eigen machen; als Ausdrucksgestalt einer (östlichen) Religion ist es jedoch Element einer anderen (Glaubens-)Welt. Intuitiv unterscheidet er zwischen Partizipation und Zugehörigkeit. So kann er am Erfahrungsraum der Yogaübungen und auch an dem, was sich als spirituelle Dimension darin öffnet, persönlich teilhaben, ohne dass dies mit einem religiösen Überzeugungs- oder gar einem Religionswechsel verbunden sein müsste. Weihnachten geht er in den Heiligabendgottesdienst und zwischen den Jahren zur Yogastunde. Hier zeigt sich, dass die spätmoderne Frömmigkeit der Logik eines individuellen Arrangements unterschiedlicher, durchaus auch disparater Elemente folgt; sie ist weniger auf kognitive Kohärenz, als vielmehr auf persönliche Stimmigkeit hin ausgelegt. Spätmoderne Frömmigkeit zwischen kirchlich verbundenem Christsein und spiritueller Yogapraxis ist womöglich gerade als „Alltagssynkretismus"[249] konsistent. ‚Konfessorisch' wird es für Herrn R. erst, als sein Differenzempfinden auf die Probe gestellt wird, weil sich die beiden Ebenen – kirchliche Religion und individuelle Spiritualität – ineinanderzuschieben drohen. Dabei ist das, was uns im westlichen Kontext als Yogapraxis begegnet, bereits selbst ein Phänomen von Grenzüberschreitungen.

Einige wenige Striche mögen die religionskulturellen Entwicklungslinien des modernen Yoga andeuten: Gemeinhin wird Yoga als eine spirituelle Praxis wahrgenommen, die mit ihren Körperübungen, ihren meditativen Anteilen und der damit verbundenen Philosophie in Indien eine jahrtausendalte hinduistische Tradition darstellt. Die sich in jüngerer Zeit auch in westlichen Ländern ausbreitende Praxis erscheint dann als Kulturimport einer leiblich-geistigen Religionspraxis, die sich als alte östliche Weisheit authentifiziert. Neuere religionswissenschaftliche und kulturgeschichtliche Studien zeichnen hingegen ein etwas anderes Bild. Sie zeigen das moderne Yoga als „Produkt interkultureller Aushandlungen"[250], das erst vor gut hundert Jahren in seiner heutigen Form in „Begegnungssituationen von Ost und West geschaffen"[251] wurde. Dabei spielten Kulturtransfers und kulturelle Auseinandersetzungen der Kolonialzeit eine wesentliche Rolle. Erst in diesem Zusammenhang bildet sich ein neues „körperbetontes Yoga"[252] aus. Hier spielen auch Einflüsse der sich im späten 19. Jahrhundert in der westlichen Welt ausbreitenden neuen Kultur der Körperlichkeit – so z. B. der europäischen Gymnastikbewegung oder auch eines ‚muskulären Christentums', wie es u. a. im Umfeld des YMCA propagiert wurde – eine wesentliche Rolle. Das Verständnis von Yoga als einem geistigen Weg, das bis dahin im indischen Kontext vorherrscht, prägt sich um.[253] Das heutige Yoga, insbesondere in seinem Charakter als körperbezogene, leibliche Praxis, ist ein modernes Phänomen, in dem ältere Traditionen aufgegriffen und umgeformt worden sind, es speist sich aus (religions)kulturellen

Die Frömmigkeit des Körpers 135

Wechselwirkungen und enthält in sich bereits Grenzüberschreitungen in verschiedenen Richtungen.

Für Herrn R., um auf ihn zurückzukommen, wird aber nun auch eine Schwelle als Grenze spürbar. Sie kommt bezeichnenderweise durch eine ‚topographische' Grenzverschiebung zustande, die ihn herausfordert: Yoga in der Kirche, mithin im Raum des Gottesdienstes? Womöglich tritt das, was andernorts – in der Sporthalle, im Yogastudio oder auch im Gemeindehaus – als (anders)religiös-soziale Praktik durchaus in ein christlich gestimmtes Selbstverständnis integriert werden kann, hier potentiell in Religionskonkurrenz. Denn im Kirchenraum, der christliche Religion signifikant als die ‚eigene' repräsentiert, erscheint Yoga nun als Element einer ‚fremden' Religion. Die Verortung von Yoga in der Kirche erzeugt eine Spannung zur definierten *religiösen Selbstverortung* im Christentum. Diese bestimmt, wenn sie – wie hier durch den christlich-‚sakralen' Raum – aufgerufen wird, wesentlich mit, wie das, was praktiziert wird, wahrgenommen, empfunden und gedeutet wird. Dabei bleibt ein Differenzbewusstsein, denn der Überschritt ist eben kein Übertritt. Die subjektive Innenseite der Yogaerfahrung, auch in ihrer spirituellen Perspektive, ist das eine; die Positionierung in und Zugehörigkeit zu einer bestimmten Religion ist das andere. Auch eine spätmoderne Frömmigkeit, die Grenzen überschreitet, hat ein Gespür dafür, wo und wie sie dies tut.

b)   Yoga als spirituelle Praktik

Zum Charakter des modernen Yoga gehört konstitutiv, dass die körperlichen Übungen unter Anleitung zugleich als geistige Übungen praktiziert werden; die Körperpraxis hat hier, anders als bei lediglich gymnastischen Aktivitäten, immer auch eine „spirituelle Ausrichtung"[254]. Als religiös indizierte und gestaltete Praktik – man denke an die Gesten der Ehrerbietung als Rahmung oder das Tönen ‚heiliger' Worte – kann Yoga deshalb in unserem Zusammenhang auch als eine Gestalt spätmoderner Frömmigkeit verstanden werden, die auch von christlicher Seite aufgenommen wird. Lediglich ein Drittel der Evangelischen hierzulande, so die Kirchenmitgliedschaftsuntersuchung von 2002, hält „gar nichts" von Körpererfahrungen, wie sie insbesondere Yoga vermitteln; etwa jede/r Achte der Evangelischen hat selbst Erfahrungen damit. Die Anteile unterscheiden sich nicht von den Befragten, die konfessionslos sind.[255] Was macht nun Yoga als *spirituelle Körperpraktik* aus? Vier Merkmale lassen sich hervorheben, in denen die Dramaturgie und innere Logik erkennbar wird: Erstens ist Yoga eine Form der intentionalen Körperarbeit; in den Übungen wird der eigene Körper in spezifischer Weise in Stellung und in Bewegung gebracht. Das korporale Bild und die Körperfigur, die auf der Yogamatte entstehen, sind ein Gegenbild zum „Alltagskörper"[256], mithin zu der Art und Weise, wie der eigene Körper für gewöhnlich beansprucht oder ignoriert wird. Der Alltagskörper wird in den Yogaübungen gleichsam ‚umgearbeitet', sodass der eigene Körper und die eigene Körperlichkeit bewusst ‚anders' erfahren werden können. Zweitens beruhen die Übungen auf dem Dual von körperlicher Anspannung und leiblich-seelischer Entspannung, das aktive körperliche Tun zielt auf ein passives leibliches Erleben.[257] Der aktivierte Körper ist Subjekt und Medium einer Erfahrung, in der das Selbst physiologisch und mental zur Ruhe kommt. Sich zu entspannen ist also nicht die Voraussetzung der Yogaübung oder gar eine zwischengeschaltete Sequenz, um sich von einer anstrengenden Übung zu erholen. Es ist vielmehr das Moment, in dem – als wesentlicher Teil der Einübung selbst – die Aktivität in ein Zur-Ruhe-Kommen übergeht; ein Moment, der eben nicht als ‚Normalzustand', sondern als eine körperlich-leibliche Erfahrung der „Selbst-Transzendenz"[258] erlebt wird. Die körperlichen Übungen des Yoga sind deshalb drittens auch auf das Selbst fokussiert, die Aufmerksamkeit wird durch die Anleitungen auf das eigene Innen gelenkt und konzentriert.[259] Es geht darum, bei sich selbst ‚hier und jetzt' anzukommen. Dies geschieht, wo es zu einem „Spüren der eigenen leiblichen Anwesenheit" (Hartmut Böhme)[260] kommt; ‚ganz da zu sein' ist die Chiffre einer zugleich äußeren wie inneren Haltung. Viertens

Die Frömmigkeit des Körpers 137

schließlich steckt in den geprägten Bewegungsmustern und eingeübten Grundhaltungen – man denke an die erhobenen Arme, an Stand- und Balancehaltungen oder an Streck- und Weitungsübungen des Leibes, auch an den Atemrhythmus, der den Übungen unterlegt wird – nicht nur ein Körperwissen, sondern es kommt damit auch zu einer leiblichen Ausrichtung und spezifischen Orientierung des Selbst. Die damit einhergehenden Deutungen als ‚Sonnengruß', als ‚Kriegerstellung' oder als Akt, ‚die Welt zu umarmen' werden den Bewegungen und Haltungen nicht arbiträr, d. h. von außen aufgelegt. Sie erscheinen vielmehr als Ausdeutungen dessen, was die Übenden tun und wie sie ihre Person, körperlich und seelisch, zur Gestalt bringen. So erschließen sich die Deutungen (nur) in den Praktiken und aus ihnen heraus. Ob sie im Sinne einer Lehre als wahr gelten oder als Überzeugung geglaubt werden, ist demgegenüber sekundär.

Gleichwohl ist Yoga eingebettet in eine Yogaphilosophie, die durch die jeweiligen Anleitungen und Benennungen, durch rituelle Rahmungen und durch symbolische Arrangements der Räumlichkeiten und Übungsstunden selbst einen „zentralen Bestandteil der Yogapraxis"[261] bildet. Dieser stellt im modernen Yoga jedoch kein einheitliches, in sich geschlossenes Glaubenssystem dar, sondern speist sich aus einem Reservoir von Anschauungen vornehmlich östlicher Religiosität und deren spirituellem Körperwissen. Aus christlicher Sicht lassen sich darin auch Aspekte finden, die eine Nähe zur „mystischen Erfahrung"[262] aufweisen, die auch zur Tradition des Christentums gehören. So können religiös interessierte Menschen mit ihrer Yogapraxis „spirituelle Erwartungen, Vorstellungen oder auch persönliche Erfahrungen" verbinden, die sich für sie mit „verschiedenen Religionen oder Weltanschauungen"[263] zusammenfügen. Damit ergibt sich ein doppeldeutiges Bild: Liest man geprägte Äußerungen der Yogaphilosophie als dezidierte Glaubensaussagen, dann kommt man zu distinkten Entgegensetzungen und theologischen Abgrenzungen: „Mein Körper ist mein Tempel", so eine gängige Yogaformulierung[264], akzentuiert eben genau anders als die paulinische Wendung, in der es heißt, dass „euer Leib ein Tempel des Heiligen Geistes ist, der in euch ist und den ihr von Gott habt" (1. Kor 6,19). Begreift man jedoch die Yogaphilosophie eher als Explikation von spirituellen Erfahrungen im Raum der Yogapraxis, dann können Yogapraktizierende an diesen religiösen Anschauungen auch gleichsam als ‚Gasthörerinnen' teilhaben, ohne sie sich als eigene Glaubensüberzeugungen konfessorisch zu eigen machen zu müssen. Yoga wäre in dieser Lesart eine körperlich praktizierte und leiblich miterlebte *spätmoderne Teilhabefrömmigkeit*. Herr R. jedenfalls muss nicht alles glauben, was er spirituell selbst erfährt.

Eine kurze Seitenbemerkung: Mittlerweile gibt es einzelne Versuche, die beschriebene Spannung theologisch aufzulösen, indem ein eigenes „christliches Yoga" konzipiert wird. Pia Wick beispielsweise versteht die klassischen Yogaübungen als eine lediglich korporale „Technik"[265]; sie sind von sich aus religionsneutral und lassen sich auch mit biblischen Texten verbinden, um deren „Inhalt (zu) unterstreichen"[266]. In der hier vorgetragenen Lesart hingegen stellt Yoga eine spirituelle Praktik dar, in der die Übungen selbst eine ‚geistige' Dimension haben, sodass sie sich nicht ohne Weiteres aus ihrer eigenen Symbolik herauslösen lassen. Vielleicht ist das Projekt eines christlichen Yoga insbesondere für diejenigen wichtig, die durch die eigene christliche Überzeugung daran gehindert werden, Yoga als ‚hinduistische' Religion zu praktizieren. Mit Johann Hinrich Claussen teile ich eher die Einschätzung: „Die meisten Christinnen und Christen dürften darin [scil. dass Yoga auch als Anregung durch fremde spirituelle Anschauungen praktiziert werden kann, KF] keinen Widerspruch zu ihrem Glauben sehen."[267] Ob die Mutmaßung zutrifft, müsste allerdings in empirischen Studien, die in diesem Feld noch fehlen, sorgsam erkundet werden. Weiterführend ist m. E., wenn Wolfgang Schuhmacher ein „christliches Yoga" als hermeneutisches Unterfangen begreift. Es geht dabei weniger darum, Yogatechniken mit christlichen Aussagen zu verbinden, sondern um den übergreifenden „Deutungshorizont", in den die je persönliche Praxis „hineingestellt" wird.[268] Die spirituellen Erfahrungen der Yogapraxis korrespondieren mit und verweisen auf Grundmomente des Lebens, die in christlicher Perspektive in anderer Weise interpretiert und kontextualisiert werden.

Die Frömmigkeit des Körpers

Als spirituelle Praxis ist Yoga immer auch eine soziale Praktik, auch wenn diese individuell ausgeübt wird. Wo es, wie zumeist, in einer Gruppe praktiziert wird, ist bereits das Arrangement des Raumes bedeutungsvoll. Das übliche Auslegen der Yogamatten in „gleichbleibenden Abständen parallel nach ‚vorne' (...) zum Yogalehrer ausgerichtet" erzeugt – wie in einem sakralen Raum die Ausrichtung auf Altar und Liturgin hin – eine eigene, auch symbolisch lesbare „Ordnung des Raums".[269] Mit der eigenen Yogamatte, die mit anderen nicht geteilt und von anderen nicht betreten wird, verorten sich die Teilnehmenden, begrenzen ihr Terrain und fokussieren sich auf sich und ihre Eigenleiblichkeit. Es entsteht eine besondere, außergewöhnliche Situation: Im normalen Leben gibt es praktisch keine sozialen Situationen außerhalb der Privatsphäre, in denen erwachsene Menschen kollektiv ruhig auf dem Boden liegen.[270] In der Synchronizität der Teilnehmenden entsteht eine spezifische Gemeinschaftsform: Die anderen der Gruppe sind „Mit-Ichs"[271], spürbar leiblich mitanwesend, ohne dass sie im Radius der Eigenaufmerksamkeit liegen.

Ein knapper Abschluss: Ähnlich wie das Fasten und andere körperbezogene Formen spätmoderner Frömmigkeit ist Yoga ichzentriert und ermöglicht Erfahrungsmomente leiblicher Selbsttranszendierung. Es arbeitet von außen nach innen. Aus anderen religiösen Kontexten stammend, ist das Yoga in seiner modernen Gestalt ein Prozess der Grenzüberschreitung in mehrfacher Hinsicht: Religiös, kulturell und individuell. Es lässt sich unterschiedlich kontextualisieren und verschränkt dabei verschiedene Deutungshorizonte, sodass es heute auch von vielen christlich gestimmten Menschen praktiziert wird und werden kann. Insofern gehört es zu einer spätmodernen Frömmigkeit, an der auch Christinnen und Christen teilhaben.

4. Der Klang des Religiösen

> Wenn Marlene, zwei Jahre alt, eine Kirche erblickt, ahmt sie den Klang von Glocken nach. Und wenn diese tönen, ist sie ganz Ohr. Glocken sind wie eine Klangstimme ‚aus der Höhe'. Dabei können sie, wie ihr Patenonkel findet, auch ziemlich dröhnen, gelegentlich geht ihm der Glockenschlag durch Mark und Bein. Ihm hat es eine Sequenz aus dem Hollywoodkino angetan. In einem populären Film der vergangenen Jahre, „Das Beste kommt zum Schluss"[272], wollen sich die beiden Protagonisten, der Milliardär und der Automechaniker, ihre unabgegoltenen Herzenswünsche erfüllen; ihre Lebensfrist ist kurz bemessen. Auf ihrer Sehnsuchtsliste steht auch der Mount Everest; ganz oben nämlich, in der allumfassenden Stille, soll der „Klang des Berges" vernehmbar sein. Und es sei, als hörte man die „Stimme Gottes". Charlotte ist dies viel zu kitschig. Sie erreicht der Klang an anderer Stelle. Als neulich der Schulchor beim Friedenskonzert zum Abschluss „We shall overcome" gesungen hat, ist es ihr durch und durch gegangen. Unwillkürlich hat sie mitgesummt.

Als einer der Grundsinne ist das *Hören* anthropologisch elementar, es „verbindet uns mit der Welt".[273] Das menschliche Ohr hört – sofern intakt – die Laute der Wirklichkeit; die *auditive Fähigkeit* bildet sich bereits vorgeburtlich aus, schon im Mutterleib ist für das Ungeborene das Draußen zu vernehmen. Der Mensch ist allererst ein hörendes Wesen. Wenn dies so ist, dann kann man mit Peter Sloterdijk festhalten: „Das Ohr wäre demnach sein primär weltkonstituierendes Organ, nicht das Auge, nicht die Hand."[274] Nun muss man die Erwägung nicht zwingend in eine Rangfolge der Sinnesorgane ummünzen. Immerhin unterscheidet sich die Wahrnehmungsweise des Hörens in zweifacher Hinsicht von derjenigen des Sehens, die ebenfalls basal ist: Zum einen lässt sich das Ohr, anders als das Auge, physiologisch nicht verschließen. Gewiss, ich kann auch weghören oder mich taubstellen, aber die Laute der mich umgebenden Welt kann ich nicht durch einen willentlichen Akt abstellen. Menschen sind ihrer leiblichen Grundverfassung nach ‚offenen Ohres'. Zum anderen beruht das Sehen auf einem Distanzvermögen, das Auge benötigt Mindestabstände zu dem, was es sieht. Das Angeschaute ist immer visuelles Gegenüber. Anders ist es beim Hören, denn durch den Laut, der in mich eindringt, bin ich einbezogen in den Klangraum, der mich umgibt.[275] Hörend werde ich, in welcher Weise auch immer, ergriffen von dem, was ich vernehme. So ist das Hören eines Klanges kein gewollter und selbstbestimmter Akt, er widerfährt mir. Zugleich ist das, was ich als Laut und als Klang höre und insbesondere wie ich es höre, kulturell geprägt. Bereits Marlene hört nicht einfach ein Geräusch, sondern den Klang der Glocken, den sie als ein Lautzeichen zu identifizieren vermag. Und die Vorstellung und Erfahrung, dass Stille einen besonderen Klang hat, ist uns Heutigen dadurch plausibel, dass sich dieses Hörerlebnis von der Allgegenwart modernen Alltagslärms absetzt.

Als ein Sinnesakt ist das Hören etwas Leibliches, der Klang wird körperlich empfunden.[276] Charlotte etwa geht der Klang des Liedes ‚durch und durch', einem anderen geht ein Glockenschlag ‚durch Mark und Bein'. Dies kann schon bei bestimmten Geräuschen passieren, mehr noch bei Tönen, die durch ihre Abfolge und durch ihr Zusammenstimmen zu einem Klang werden. Wo dieser Resonanz findet, sind Menschen dann und wann ‚ganz Ohr', mithin in besonderer Weise aufmerksam und empfänglich. Körperlich wirksam kann der Klang emotional berühren – beileibe nicht nur positiv gestimmt –, zumal wenn er für die Hörende mit Erinnerungen aufgeladen ist, die in ihr wachgerufen werden und im Klang mitschwingen. So kann er eine Person in einen spezifischen Empfindungszustand versetzen, der auch die „seelische Haltung"[277] prägt. Dies geschieht, wo bestimmte Klänge vertraut sind, aber auch dort, wo sie fremd anmuten; wo sie Menschen ruhig werden lassen oder sie aufwühlen. In dieser wie in jener Weise kann ein Klang Menschen im Hören über das hinausführen, was ist und was sie von sich aus empfinden. So gesehen, oder vielleicht genauer, so gehört, können Klänge auch religiös wirksam werden und – nicht nur im gottesdienstlichen Kontext – als eine ‚Stimme aus der Höhe' (oder der Tiefe) wahrgenommen werden, die nicht von dieser Welt ist. Denn in beidem, den vertrauten wie den fremden Tönen, wird der Hörsinn geöffnet für den Klang einer Wirklichkeit, die „für das Alltagsbewusstsein" außerhalb dieses Klangraumes „unzugänglich" bleibt.[278] Die Töne klingen dann wie eine „immanente Verweisung auf das Unsagbare".[279]

Es ist insbesondere die Klangform der Musik, die ein wesentliches Moment spätmoderner Frömmigkeit darstellt. Der Zusammenhang von Musik und Religion ist weder neu noch modern. Ihr Zusammenspiel durchzieht die Frömmigkeitsgeschichte des Christentums, immer wieder auch mit Auseinandersetzungen über den ‚rechten' religiösen Gebrauch von Musik verbunden. Als religiöses Medium wurde die Musik besonders wertgeschätzt, so etwa von Martin Luther, wenn er konstatiert: Sie mache die Seelen fröhlich, vermöge den Teufel zu verjagen und sie herrsche in der Zeit des Friedens.[280] Dabei ist allerdings für protestantische Ohren nicht ausgemacht, ob Musik immer gottgefällig ist; womöglich kann sie das Gemüt auch betören, die Sinne verführen oder auch verstören. Das Für und Wider stimmt darin zusammen, dass in beiden Perspektiven Musik als eigene Macht wahrgenommen wird. Als in Rhythmen und Melodien gestaltete Klänge sind das Hörerlebnis Musik und die Praxis des Singens Erfahrungs- und Gestaltungsräume des Religiösen von alters her und ebenso in der Gegenwart. Der Musik als Frömmigkeitspraxis gelten deshalb auch die beiden folgenden Abschnitte.

(1) Die Religiosität des Musikhörens: Publikumsfrömmigkeit

„Wieder zusammen ins Weihnachtsoratorium?", auf die Frage der Freundin reagiert Luise erfreut. Es ist fast so wie ‚alle Jahre wieder', nicht ganz, aber seit etlichen Jahren gehört für die beiden das Konzert am dritten Advent zu Weihnachten dazu. Immer im festlichen Kleid. Ansonsten ist Luise keine große Konzertgängerin, „das Musikalische liegt bei uns nicht so in der Familie", sagt sie. Der Sohn spielt kein Instrument, war als Kind lieber auf dem Bolzplatz als beim elterlich verordneten Flötenunterricht. Ins Oratorium würde er auch jetzt als Erwachsener nicht mitkommen. Wenn es bei ihm weihnachtlich werden soll, dann hört er im Auto Bob Dylans „Christmas in the Heart"; ein Potpourri weihnachtlicher Popsongs, die er mitsummen kann. Und den Rhythmus trommelt er dann aufs Lenkrad. Luises Schwester hätte gern, dass sie an Heiligabend beim gemeinsamen Familienfest Weihnachtslieder singen, „so wie früher". Weil es nicht ausgemacht ist, dass die anderen mittun werden, sitzt sie vorab am Samstagabend vor dem Fernseher, wenn die musikalische Weihnachtsgala gesendet wird. Vertraute Melodien mit vertrauten Worten. Da klingt etwas in ihr an, auch wenn sie nicht mitsingt, vor dem Fernseher fände sie es komisch. Bei den beiden anderen klappt es dieses Jahr nun doch nicht mit dem Weihnachtsoratorium, das Konzert ist abgesagt. Covid. Für die Freundin ist es arg, „als wenn Weihnachten ausfallen würde". Luise versucht es anders und lädt die Freundin zu einem privaten Weihnachtsoratorium ein; Konzert im Wohnzimmer per CD am Abend. „Mal hören, wie das so ist."

Hierzulande wird gerne Musik gehört, für annähernd 60 % der Deutschen gehört es zu ihren liebsten Freizeitbeschäftigungen, der Wert liegt deutlich höher als Sport zu treiben oder Bücher zu lesen.[281] Wo und wie sie dies tun, ist sehr unterschiedlich; gut zwei Drittel besuchen regelmäßig oder gelegentlich ein Konzert; privat hören weit über 90 % der Befragten Musik. Im öffentlichen Leben gibt es nur wenige Veranstaltungen, die nicht auch musikalisch gestaltet sind. Dies gilt für Fasnachtsumzüge, Feierstunden, Feste, Fußballspiele, Demonstrationen, Gottesdienste, Beerdigungen und vieles mehr. Hinzu kommt, dass viele Bereiche des Alltags durch musikalische Klänge grundiert sind; kaum ein Einkaufszentrum ohne Hintergrundmusik. Musik gibt es das ganze Jahr in allen Schattierungen und Spielarten, der Stil und der Geschmack sind milieu-, generationenmäßig und individuell ausgefächert. Dies gilt auch für Musik im kirchlichen Kontext, die Choral, Pop, Gospel und vieles mehr umfasst. Lebensweltlich präsent und populär ist Musik, in der sich heute Religion artikuliert, insbesondere als Weihnachtsmusik. An deren Gebrauch lässt sich anhand unserer Szene paradigmatisch erkennen, wie musikalische Praxis heute ein vitales Element spätmoderner Frömmigkeit darstellt. Zunächst: Musik wird nicht erst dort zu einem Raum gelebter Frömmigkeit, wo Menschen selbst musizieren oder singen; sie ist dies auch und verbreiteter noch, wo sie angehört und rezipiert wird. Bewusst Musik zu hören, kann unter bestimmten Umständen und in je spezifischer Weise eine Form *auditiver Frömmigkeit* sein. Luise, ihre Freundin, ihr Sohn und ihre Schwester begehen Weihnachten musikalisch und hören das, was das christliche Fest ausmacht und auslöst, als Musik. In dieser rezeptiven Weise sind sie als Beteiligte keineswegs passiv, denn sie gestalten – je in ihrer Art – das Musikhören als eine Praktik, die auch rituelle Züge hat. Diese folgt einer Logik des ‚Immer wenn ...', der Gang ins Konzert oder das Einspielen der Lieder ist Rückkehr und damit Wiedereintritt ins schon Gehörte und jetzt wieder Erlebte. Die Melodien fungieren als ‚Erkennungsmelodien', nicht nur für die jeweiligen Musikstücke, sondern noch sehr viel ausgreifender für den Sinn und die Empfindung von Weihnachten insgesamt. Auch wenn sie als Hörerinnen und Hörer in dieser Praxis Weihnachtslieder nicht anstimmen, so stimmen sie doch emotional in sie ein. Die Musik mag unterschiedlich sein – Bach, Dylan und ‚Stille Nacht' –, bei allen Beteiligten aber ist es eine Sache des Herzens, es geht vornehmlich ums Gefühl. „Wer hören will, muss fühlen."[282] Und ebenso umgekehrt.

Dabei kommen in der Art, wie solche *Publikumsfrömmigkeit* kultiviert und zelebriert wird, verschiedene Dimensionen des Musikerlebens zur Geltung: Für Luise ist ihre Weihnachtsmusik klassischer Prägung einerseits das Medium einer feierlichen Stimmung, das Konzert präpariert sie für das Christfest und ist zugleich selbst schon dessen (Vor-)Feier. Weihnachten als Konzert ist andererseits eine spezifische Form der Geselligkeit, die sich von derjenigen des häuslichen Familienweihnachtsfestes absetzt. Sie entspricht in ihrem sozialen Charakter – bis hin zum räumlichen Arrangement und der Haltung der Beteiligten – dem eines Gottesdienstes. Dies ist ganz offenkundig bei ihrem Sohn anders. Auf die rockmusikalisch arrangierten Weihnachtslieder reagiert er unwillkürlich körperlich, seine Art der Weihnachtsmusik bewegt rhythmisch. Die Schwingung macht es und ruft körperliche Reaktionen hervor, die im klassischen Konzert tunlich zu meiden wären. Weihnachten ist hier keine Feier mit Anderen, sondern eine Art eigenleiblicher Andacht. Ähnliches gilt auch für Luises Schwester, wenn auch in einem anderen (Musik-)Stil. Bei ihr tritt insbesondere das Motiv der biographischen Erinnerung hervor. ‚Wie früher' meint, dass in den Weihnachtsliedern lebensgeschichtliche „Schlüsselszenen"[283] aufgerufen werden, die mit weihnachtlichen Erfahrungen und Deutungen verbunden sind. Die Musik fungiert hier als Erinnerungsschleuse. Geselligkeit und Feier, Leiblichkeit und Erinnerung – das Weihnachtsmusikhören ist eine Praxis, in der Motive zur Geltung gebracht werden, die für eine spätmoderne Weihnachtsfrömmigkeit signifikant sind (vgl. Kap. 3.2). Mit den verschiedenen Wirkungsweisen korrespondieren die unterschiedlichen Hörsituationen: Die Aufführung des Oratoriums im Konzertsaal oder einer Kirche findet im öffentlichen Raum statt, in dem es gemeinschaftlich gehört und erlebt wird. Im Gegensatz dazu werden die Weihnachtssongs von Dylan, hier im Auto, privatissime gehört; der Klangraum ist ein privat-intimer Raum, in dem der Hörer für sich ist und agiert. Noch einmal anders ist es, wenn, wie bei Luises Schwester, das Medium Fernsehen die Zuhörende in ihrer häuslichen Situation in ein Fernsehpublikum integriert und die musikalische Weihnachtsgala als Substitut für eine erinnerte familiäre

Gemeinschaftlichkeit (oder als deren medialer Ergänzung bzw. Erweiterung) fungiert. Für Luise ist es dann die Probe aufs Weihnachtsgefühls, ob ihre Form musikalischer Weihnachtsfrömmigkeit auch dann noch wirksam ist, wenn sie vom Öffentlichen ins Private versetzt wird.

Ein knapper Zusammenschnitt der Beobachtungen und Erwägungen: Die auditive Frömmigkeit des verbreiteten Weihnachtsmusikhörens lässt unterschiedliche Grade von Nähe und Distanz zu. Als ‚Publikum' ist man von einer aktiven Mitwirkung entpflichtet und hat zugleich als Rezipientin und Rezipient auf eigene Weise, gemeinschaftlich wie individuell, Anteil an dem, was geschieht. Wo Weihnachten als Musik erklingt, verknüpfen sich ästhetisches Erleben und religiöse Empfindungen; das Weihnachtsmusikhören ist eine gängige, d. h. eingelebte und eingeübte, religionskulturelle Praxis. Stärker als andere Musik setzt es auf vertraute Klänge, in denen sich Menschen – auch inmitten von Erfahrungen, unbehaust zu sein – beheimaten. Ob und wie dies geschieht, ist aber nicht einfach verfügbar; mancher Weihnachtsklang berührt Menschen auch schmerzlich, rührt an Verlust und an unerfüllter Sehnsucht.

Im Blick auf religiöse Praxis ist weihnachtliche Musik insofern von besonderer Bedeutung, als sie eine der wenigen Praktiken darstellt, durch die heute – außerhalb von Gottesdienst und Unterricht – explizit biblische Überlieferungen hörbar und im Wortklang präsent werden. So sind die Weihnachtslieder und das Weihnachtsoratorium diejenige *Bibelfrömmigkeit*, die zeitgenössisch die stärkste Resonanz findet und Wirkung hat. Dies mag, wenn auch in deutlich begrenzterer Reichweite, auch für das Hören anderer ‚geistlicher' Musik gelten, so etwa, wenn Menschen sich von der Matthäuspassion, ‚Amazing Grace' oder im Sommerliederkonzert von ‚Geh aus, mein Herz' angesprochen fühlen. Weil sich darin womöglich etwas ausdrückt, was man sich zusingen, aber kaum sagen kann.

(2) Die Stimme als Organ der Frömmigkeit

> Maren kann nicht singen. Sagt sie. Und sie tut es auch nicht. Nun ja. Im Konfirmationsgottesdienst ihrer Tochter hat sie das ‚Danke'-Lied, wenn auch sehr verhalten, mitgesungen. Der Kirchenschlager ist ihr noch vertraut aus ihrer Konfizeit. Und als ein Freund seinen runden Geburtstag feierte, hat sie das ‚Viel Glück und viel Segen' mitgesungen. Für ihre Verhältnisse sogar kräftig. Und früher am Bett ihres Sohnes, als dieser noch klein war, ‚Der Mond ist aufgegangen'. Die ersten beiden Strophen konnte sie noch auswendig, irgendwie kam es ihr passend vor, für den Sohn und für sich auch. Und im Stadion singt sie im Übrigen auch mit; ‚You'll never walk alone'. Ihr Freund Jurek hingegen singt im Chor, schon seit Jahren. Regelmäßig ist er dabei, bei den Proben und auch bei Konzerten. Das Singen mit Anderen zusammen, das ist seins. Als er das halbe Jahr nicht singen durfte wegen der Kehlkopfsache, da hat er gemerkt, wie es ihm mental und auch geradezu körperlich gefehlt hat. Jetzt kann und darf er wieder. Jurek würde Maren gerne für einen ad hoc-Chor gewinnen, der beim Schulfest auftreten soll. Nur ein paar Mal üben, nichts Anspruchsvolles, gut angeleitet, wirbt er. „Finde ich sehr schön", sagt Maren, „für mich ist es aber nichts".

Musik hören ist das eine, selbst zu singen das andere. Rund vier Millionen Menschen in Deutschland geben an, gemeinschaftlich in einem Chor, einem Gesangverein oder in einer anderen Gruppe zu singen; gut eine Million von ihnen sind in Verbands-Chören organisiert, der überwiegende Teil im kirchlichen Kontext.[284] Andere Orte und Gelegenheiten kommen hinzu. In der Kita wird gesungen und beim Altennachmittag im Heim, im Stadion und in manchen Familien. Im Gottesdienst immer. Und sprichwörtlich unter der Dusche. Nicht alle wollen oder können mitsingen. Aber entgegen manch kulturkritischer Klage, dass früher mehr Singen war, ist es eine der verbreitetsten kulturellen Praktiken in der Gegenwart.

Zumal dann, wenn man es nicht – wie Maren in ihrer Selbsteinschätzung – mit ‚Gesang' assoziiert, der eingeübt wird, um bestimmten ästhetischen Ansprüchen zu genügen. Wenn man die Praxis des Singens weiter fasst, dann erweisen sich auch Nichtsängerinnen wie Maren gelegentlich als Singende und Mitsingende.[285] Töne mit der eigenen Stimme hervorzubringen, ist eine der elementaren Fähigkeiten des Menschen, sich zu äußern. Die je eigene Stimme ist das Organ, mithin dasjenige ‚Sinneswerkzeug', durch das eine Person etwas von sich selbst verlautbart; sie ist als leibliche Praxis immer persönlicher Ausdruck. Zugleich erzeugt die Stimme Töne, die außerhalb meiner selbst erklingen und die ich wiederum höre. Die Praxis des Singens als eine spezifische, musikalisch geformte Art und Weise, die Stimme ertönen zu lassen, hat damit immer zwei Seiten: sie ist aktive Handlung und rezeptive Haltung in einem. In der Eigenaktivität der Stimme erlebt der Singende sich als selbstwirksam, weil und insofern er sich selbst als Laut- bzw. Klanggebender in der Welt vernimmt.[286] Singen heißt, sich selbst überschreiten und sich leiblich zu entgrenzen. Wenn Jurek nicht singen kann, spürt er, dass ihm etwas fehlt, etwas von ihm bleibt stumm und in ihm verschlossen. Als er wieder bei Stimme ist, kommt er durch das Singen wieder aus sich heraus, seine mentale Verfassung wird ‚umgestimmt'. Wer singt – so Bernhard Leube – „überschreitet (...) die Grenzen seiner Befindlichkeit".[287]

Diese (Selbst-)Überschreitung gilt, wenn Menschen für und mit anderen singen, noch einmal in mehrfacher Hinsicht. Wenn Maren ein Abendlied für ihren Sohn singt, dann singt sie ihm etwas zu: Die Welt draußen ist stille geworden und kommt hier an seinem Bett zur Ruhe; so möge er alles, was am Tag gewesen ist, verschlafen und für die Nacht vergessen. Im Geburtstagslied singt sie dem Freund Wunsch und Segen zu fürs neue Lebensjahr. Wo den Sohn oder den Freund die Lieder erreichen – und das heißt, wo die Stimme wirkt – lösen sie etwas beim Anderen aus. Und wenn Jurek mit Anderen im Chor singt, spürt er womöglich in der gemeinschaftlich hervorgebrachten Musik einen Einklang, der über das hinausgeht, was die Chormitglieder ansonsten miteinander verbindet (oder auch trennt). So entsteht im Konzert ein kollektiv geteilter Klang- und Resonanzraum, der mehr ist als das Ensemble der Einzelstimmen.[288] Dabei ist der Klang der eigenen Stimme eine persönliche Präsenzerfahrung, ein körperliches und emotionales Gegenwärtigsein. Ich bin als Singender bei mir und doch zugleich in der Musik ganz woanders. Und schließlich lässt sich noch ein weiterer Aspekt ausmachen, der als produktive Überschreitung gedeutet werden kann. Nicht nur in Klängen, auch in Liedern kann ‚Unsagbares' zur Sprache kommen. Wer Lieder singt, leiht sich Worte; es sind gerade nicht die eigenen und doch werden sie mit eigener Stimme artikuliert. Die tradierten und ebenso auch neure geistliche Liedtexte sprechen nicht selten eine (religiöse) Sprache, die in gelesenen oder gesprochenen Worten für Zeitgenossinnen und Zeitgenossen abständig ist – so würden sie sich ansonsten kaum ansprechen lassen, geschweige selbst so reden. Offenbar sind aber die „fremden Sprachbilder"[289] zugänglich oder zumindest keine Sperre, um die Matthäuspassion mitzusingen oder ein traditionelles Kirchenlied vorzusingen. Für Jurek jedenfalls ist das eine möglich und für Maren das andere auch. Und ebenso beim Geburtstagsfest vom Segen zu singen oder im Stadion vom Weg zum ‚goldenen Himmel', zu dem man nie alleine gehen muss, ‚you'll never walk alone'. In Töne und Melodien gefasst, kann die Barriere überschritten werden, die von einer Sprach- und Vorstellungswelt trennt, die ansonsten verschlossen ist. Weil sie durch die Musik und im Singen eingebettet ist in eine affektive Klangwelt, in der ihr Sinn erspürt werden kann.

Singen ist allerdings auch ein Überschritt in ungesichertes Gelände. Es ist eben nicht ausgemacht, was in der Musik emotional passieren kann. Gefühle werden dann und wann unwillkürlich freigesetzt, die eigene (Sing)Stimme ist nur im begrenzten Maße ein ‚Kontrollorgan' der eigenen Empfindungen und des eigenen Erlebens. Und Musik kann auch überwältigen. Insofern ist auch das Singen nicht nur eingängig, es hat auch eine abgründige Seite. Der Vorbehalt Marens, die sich lieber zur Nichtsängerin erklärt und

Chorsingen meidet – ‚das ist nichts für mich' –, ist womöglich nicht nur (falsche) Bescheidenheit, sondern auch veritabler Selbstschutz. Denn die eigene Stimme ist auch ein Organ der Selbstpreisgabe. Die Stimme, so sie Ausdruck des Selbst ist, könnte ungewollt auch etwas hörbar werden lassen, was ansonsten gut verborgen ist. Vielleicht höre ich mich anders, als ich mir vertraut oder lieb bin, befremdet von mir selbst und meinem eigenen (Hör-)Bild. Dabei kann das popularisierte Singen auch manches übertönen, was dadurch unhörbar wird, und harmonisieren, was in der Welt oder in mir gerade nicht zusammenstimmt. So gibt es auch eine Suggestivkraft der Musik. Und zu Luthers Diktum, dass Musik „in der Zeit des Friedens herrscht", gesellt sich die Erfahrung, dass man mit einem Lied auf den Lippen auch in den Krieg ziehen kann. Auch im negativen Sinne kann Singen eine Grenzüberschreitung sein.

Musik hat eine eigene Kraft, sie löst bei nicht wenigen Menschen etwas aus, was sie (so) in anderer Weise kaum erleben. Sie kann Welt eröffnen und manchmal die eigene Seele entängstigen, so wie das Pfeifen im finsteren Wald und das Summen im dunklen Keller. Folgt man den hier vorgetragenen Überlegungen, dann lässt sich mit Manfred Josuttis konstatieren: „Jedes Singen enthält eine Transzendierungstendenz."[290] Auf dieser Spur kann man das Singen als Gestalt einer *vokalen Frömmigkeit* verstehen, in der Menschen „über sich hinausgeführt"[291] und hinausgetragen werden. Sie stellt in der Spätmoderne eine der zentralen Ausdrucksformen der Religionskultur dar. Dies könnte und müsste in einem weiteren Erkundungsgang, der hier nicht unternommen wird, im Blick auf das instrumentale Musizieren weiterverfolgt werden.[292] Auch hier ließe sich zeigen, wie musikalische Praxis in religiöser Perspektive begriffen werden kann. Das Singen, auf das sich diese Erkundung konzentriert hat, eröffnet einen Raum, der religiöses Erleben berührt und ermöglicht. Dies gilt auch für Menschen, die sich selbst als ‚religiös unmusikalisch' beschreiben, sich im Singen jedoch als ‚musikalisch religiös' erleben, weil sich in der Musik ein Horizont aufspannt, innerhalb dessen religiös konnotierte existentielle Erfahrungen anklingen und zu ihrem Ausdruck kommen. In Musik und in Lieder ‚einstimmen' zu können, wird zu einem Moment der Lebensgewissheit in einer ungesicherten Wirklichkeit. Wer mitsingt, gehört dazu. Und zugleich scheint auch für Zeitgenossinnen und Zeitgenossen etwas hörbar zu werden von einer Wirklichkeit, die anders klingt als die dissonanten Töne der eigenen (Alltags)Welt. Nicht von ungefähr gehören Praktiken der Musik und des Singens zu den elementaren Formen des kirchlichen Christentums. Musikfreie Gottesdienste jedenfalls wären kaum frömmigkeitsfähig.

IV. Praktisch-theologische Perspektiven: Kirchliches Handeln im ungesicherten Gelände

1. Spätmoderne Religiosität als Resonanzraum kirchlicher Praxis

Der Rundgang durch die Gefilde zeitgenössischer Frömmigkeit soll an diesem Punkt beendet werden; gut ein Dutzend Phänomene und Praktiken – angefangen von Engelfiguren bis hin zum Singen – sind in den Blick genommen worden. Das Bild, das sich ergibt, ist ein Panorama gegenwärtig gelebter Religiosität in ihren lebensweltlichen Kontexten. Was zu sehen ist und gezeigt wird, ist subjektiv eingefärbt; manches wurde hervorgehoben, anderes ausgeblendet. Insofern sollen und mögen die ausgewählten Szenen und Themenfelder zu weiteren Erkundungsgängen anregen.

So könnte man Praktiken der Frömmigkeit auch im diakonischen Bereich erkunden. Gemeinschaftliches und individuelles Hilfehandeln, persönliche Begegnungen mit Menschen in prekären Lebenssituationen sind – insofern es hier um besondere Erfahrungen der Anerkennung und Zuwendung, des Leidens und der Hoffnung geht, die den sozialen Status quo transzendieren – auch „Orte religiöser Erfahrung"[293], die an ihnen Gestalt gewinnt: in einem weihnachtlichen Essen mit Wohnsitzlosen in der Wärmestube oder der Willkommensunterstützung von geflüchteten Familien in der Kindertagesstätte. Dies gilt in ähnlicher oder anderer Weise auch für Formen gesellschaftspolitisch motivierter Frömmigkeit, etwa im Feld ökologisch ausgerichteter Spiritualität.[294] Die jüngere Klimaschutz-Bewegung hat nicht nur eigene politische Aktions- und soziale Protestformen hervorgebracht, sie weist als Lebensstilbewegung auch Formen und Facetten religiöser Praktiken auf: bewusste Verzichts- und neue Vergemeinschaftspraktiken, individuelle und kollektive Umgangsweisen mit Ressourcen, zum Teil verbunden mit einem naturreligiösen Erleben oder Deutungen, die auch schöpfungstheologisch dechiffriert werden können.

So ergeben die in diesem Buch vorgestellten Phänomene kein vollständiges Gesamtbild und wollen dies auch nicht. Die Spannbreite lässt sich durchaus noch weiter fassen, die Praktiken sind ergänzungsfähig. Allerdings war das Anliegen, *signifikante Erscheinungsformen* zu erfassen, an denen deutlich wird, was für spätmoderne Frömmigkeit wesentlich, vielleicht sogar bestimmend ist. Die Rubrizierung in vier Abschnitten markiert Faktoren, die man als ‚Gestaltungskräfte' gegenwärtiger Frömmigkeit wahrnehmen und verstehen kann: dass Zeitgenossinnen ihre Religiosität gegenständlich leben, indem sie Dinge zur Hand nehmen, die versinnbildlichen, was geschieht, was sie erhoffen oder wessen sie bedürfen; dass Religion erlebt wird zu besonderen Zeiten, die durch Handlungen und Rituale ausgestaltet werden, und Menschen spezifische Orte mit spirituell ansprechender Atmosphäre und Aura aufsuchen; dass es körperliche und körperbezogene Praktiken sind, in denen Zeitgenossen Transzendenz leiblich erfahren; dass das Religiöse einen besonderen Klang hat, der etwas hörbar werden lässt vom Anderen der Wirklichkeit. Frömmigkeit ist, so ergibt der Rundgang, eine eminent *sinnenhafte Praxis*.

Spätmoderne Frömmigkeit erweist sich als vielfältig. Sie existiert im Plural und stellt sich in der Art und Weise, wie sie gelebt wird, sehr unterschiedlich dar. In der Lebenspraxis der Einzelnen ergeben sich je eigene Muster; man kann das eine oder/und das andere tun; weder gilt zwingend ‚sowohl – als auch' noch ‚entweder – oder'. Charlotte kann gelegentlich eine Kerze in einer Kirche entzünden, würde aber womöglich mit einer Engelfigur wenig anfangen können. Frau K. fastet und hat dafür sogar eine Gruppe, Pilgern ist aber nichts für sie. Jurek singt im Weihnachtsoratorium mit und praktiziert ansonsten auch regelmäßig Yoga. Die heutige Landschaft der moderaten Frömmigkeit erscheint als *Gemengelage divergierender Elemente*, die individuell zusammengesetzt werden.

Sie sind als einzelne Praktiken Orte und Erfahrungsräume des Religiösen und speisen sich aus dem Reservoir eines – wenn auch weiten und nicht unbedingt kanonisierten – Traditionszusammenhanges, der christlich geprägt ist. Durch sie und das, was mit ihnen an Anschauungen und Deutungen verbunden ist, verorten und bewegen sich Zeitgenossinnen innerhalb des (neuzeitlichen) Christentums. Insofern manifestiert sich in den Praktiken spätmoderner Frömmigkeit eine Form *selbständigen Christseins in nachtraditionaler Gestalt*. Religiosität kommt punktuell und kontextuell zur Geltung, sie ist ein partielles Moment der Lebensgestaltung. Denn nur in selteneren Fällen, beschränkt auf kleinere Kreise, ist Frömmigkeit auch das Grundgerüst des Alltagslebens und ist das Ganze des Lebens dezidiert durch religiöse Überzeugungen bestimmt. Unter der Chiffre ‚mild religiös' werden hier Frömmigkeitspraktiken gefasst, die religiös eher unscheinbar bleiben oder nur in besonderen Situationen ausgeübt werden. Sie sind auch für Menschen zugänglich, die sich selbst als mäßig oder kaum religiös beschreiben würden.

Kurzum: Gelebte Religion ist für viele Zeitgenossen – auch für die meisten, die als Christenmenschen zur Kirche gehören – etwas ‚Beiläufiges': Man nimmt *auch* die Engelfigur ins Krankenhaus mit; man geht *mal* pilgern; man betet *dann und wann*; man entzündet in der Kirche eine Kerze, *wenn es sich ergibt*; man geht in die Oper *und* ins Weihnachtsoratorium. Beiläufig meint nun allerdings nicht, dass die Praktiken für die Subjekte marginal oder gar irrelevant sind, denn sie können von ihnen durchaus als (auch existentiell) bedeutsame Erfahrungen erlebt, gedeutet und erinnert werden.

Eine Rückfrage quer zu dem bislang Erörterten lässt sich stellen: Gehören nicht auch Praktiken eines persönlichen Umgangs mit der Bibel in das Tableau milder Religiosität und moderater Frömmigkeit? Wenn ja, in welcher Weise? Die Bibel selbständig zu lesen, um sie zur Grundlage des eigenen Glaubenslebens werden zu lassen, ist eines der zentralen theologischen Leitbilder evangelischen Christseins. Das Bild von einem in die Bibellektüre vertieften Christenmenschen ist normativ hoch aufgeladen und es bringt immer wieder neu kirchliche Programme und bibeldidaktische Bemühungen hervor. Im Gegenzug erstaunt es, dass empirische Einsichten zur heutigen Praxis des Bibelgebrauchs eher spärlich und, so vorhanden, vornehmlich älteren Datums sind.[295] Einzelne Facetten sind allerdings erkennbar: Biblische Überlieferungen sind heute nicht nur kirchlich, sondern weiterhin auch kulturell präsent; z. B. werden sie in popkulturellen Inszenierungen angespielt oder sind eingelagert in die Texturen von Sprichwörtern und Lebensweisheiten. Explizit zu Gehör kommen biblische Texte in der Gegenwart jedoch vor allem in der gottesdienstlichen und unterrichtlichen Praxis des kirchlichen Christentums; sie sind damit vornehmlich Medien pastoraler Tätigkeit und beruflicher Frömmigkeit im Pfarramt. Demgegenüber ist „individuelle Bibellesepraxis unter den Mitgliedern der evangelischen Kirchen insgesamt eher selten"[296]; nur eine kleine Minderheit, die in der Regel eng mit der Kirche verbunden ist und zu einem spezifischen, meist pietistisch oder evangelikal getönten Frömmigkeitsmilieu gehört, liest regelmäßig in der Bibel. In der Lebenswelt ist die Bibel heute in zwei Formen am stärksten präsent: Zum einen findet sich in drei Viertel der evangelischen Haushalte hierzulande (mindestens) ein Bibelbuch, das in seinem Vorhandensein (als Konfirmations-, Trau-, Familienbibel o. a.) symbolische Bedeutung hat, auch wenn in ihm nicht oder nur in seltenen Fällen gelesen wird.[297] Es ist Unterpfand für die Zugehörigkeit zu dem, wofür das Christentum steht. Zum anderen begegnet biblische Überlieferung vorrangig in Spruchform, etwa bei der Internetrecherche zur Auswahl eines Taufspruches für das eigene Kind oder als Sinnspruch auf einer Traueranzeige.[298] Das Bibelbuch hält christliche Tradition in alltagsweltlicher Reichweite; private ‚Bibelfrömmigkeit' selbst ist – anders als kirchlich eingebettete – auch unter Evangelischen marginal und kasuell.

Ich nehme den Faden wieder auf. Drei Kennzeichen, so kann man zusammenfassend bündeln, lassen sich an der spätmodernen Frömmigkeit ausmachen: Erstens müssen die Praktiken nicht exklusiv religiös motiviert und verstanden werden, sie verschränken in sich verschiedene Aspekte. So können sie unterschiedlich ‚gerahmt' werden: Pilgern erscheint dann (auch) als sportliche Aktivität und Fasten als gesundheitliche Praxis, Singen als Geselligkeit oder die Engelfigur als Talisman, Unfallkreuze als Trauerbewältigung und die Adventszeit als Familienritual. Die Praktiken spätmoderner Frömmigkeit haben einen *hybriden Charakter*, sie changieren zwischen verschiedenen Lebensaspekten, sie sind in dieser Weise polyvalent und mehrdeutig. Damit ist ihr religiöser Sinngehalt hineinverwoben in auch säkular zugängliche und verständliche Lebensweisen. Wer pilgert, wandert womöglich auch gerne; wer in einer Kirche eine Kerze entzündet, mag auch Sinn haben für das ästhetische Erleben des Raumes. Religion bleibt in dieser Melange nicht selten unausdrücklich, manchmal auch verborgen. Damit geht zweitens einher, dass die Praktiken spätmoderner Frömmigkeit *kulturell verankert und plausibilisiert* sind; sie gehören – etwa als Musik, Sport und Familienleben oder als therapeutische und touristische Praxis – zu kulturellen Formen, die gesellschaftlich akzeptiert sind. Sie sind, auch wenn sie weder selbstverständlich sind noch mehrheitlich praktiziert werden, kulturell geläufig und auch in dieser Hinsicht unauffällig. Drittens schließlich sind heute religiöse Praktiken für die Subjekte *optional*, sie sind nicht zwingend und unumstößlich. Auch dabei ist eine Bandbreite unterschiedlicher Zugangsweisen wahrzunehmen. Sie können als eingelebte Familienrituale übernommen worden sein und weitergeführt werden; sie können aber auch durch andere angeregt und durch besondere Ereignisse oder Umstände veranlasst sein. Zur spätmodernen Frömmigkeit gehört auch, es auszuprobieren und es dann weiterzupraktizieren (und gegebenenfalls, es auch wieder seinzulassen). Wo sich die Ausübung lebensgeschichtlich verstetigt, verfestigen sich Frömmigkeitspraktiken zu Lebensgewohnheiten: seine Engelfigur hat er immer dabei, wenn er zur Ärztin oder auf eine Reise geht; Advent ist für sie nicht denkbar und spürbar ohne ihre häuslichen Rituale.

Nun waren die Erkundungen im Feld heutiger Frömmigkeit methodisch bewusst einseitig angelegt, sie haben sich auf die subjektiv gelebte Religiosität konzentriert. Dies ist aber tatsächlich nur die eine Seite der Praktiken. Denn was hier in eigensinniger Weise Gestalt und Bedeutung gewinnt, ist keineswegs eine Praxis, die sich per se außerhalb des Kirchlichen bewegt. Was in den Blick kommt, ist kein ‚kirchenfreier' Spiritualismus, sondern es sind Praktiken der Frömmigkeit, die mit der kirchlichen Praxis verwoben sind. Dies gilt in zweifacher Hinsicht:

Erstens gehören etliche der hier geschilderten Praktiken zur heutigen kirchlichen Praxis. Kerzen werden auch in Kirchenräumen entzündet, die entsprechend ausgestattet sind; die individuelle Fastenpraxis wird durch kirchliche Aktionen angeregt; Pilgern gehört vermehrt zu den gemeindlichen und kirchlichen Angeboten, der spirituelle Tourismus ist zu einem eigenen Handlungsfeld der Kirche geworden; gesungen wird häufig in Kirchenchören, kirchenmusikalische Aktivitäten sind ein Schwerpunkt des Gemeindelebens. Die individuellen und gemeinschaftlichen Praktiken der Frömmigkeit sind somit keine Alternative zur Kirchlichkeit, sie sind vielmehr der *subjektive Modus*, wie die *Teilhabe am volkskirchlichen Christentum* religiös gelebt und erlebt wird. Und vielfach verknüpfen sie sich mit Kirche bei Gelegenheit: Der Pate schenkt dem Patenkind eine Engelfigur nach dem Taufgottesdienst; der Chor gestaltet den Adventsgottesdienst mit; die Yogalehrerin trifft man bei einer Veranstaltung der evangelischen Akademie.

Zweitens sind die Symboliken und Deutungen, die den Praktiken inhärent sind, und damit auch die Erfahrungen, die Zeitgenossinnen mit ihnen machen, *kirchlich hinterlegt*. Mit der Gestaltung von Unfallkreuzen oder der Ingebrauchnahme von Engelfiguren rekurrieren Menschen auf christliche Sinnzeichen, die durch das kirchliche Christentum verbürgt sind und tradiert werden. Sie artikulieren oder wecken ihr religiöses Empfinden, indem sie kirchliche Choräle singen oder Kirchenlieder hören. Ihr individuelles, vielleicht nur sporadisches Beten hat sein Widerlager in der regelmäßigen gottesdienstlichen Gebetspraxis der Kirche. So sind die Symboliken individuell gelebter spätmoderner Frömmigkeit eben auch *Medien kirchlicher Verkündigung*: Die Engel, die auf allen Wegen behüten, sind das biblische Grundmotiv vieler Tauf- und Konfirmationssprüche, die eine kasuelle Schnittstelle bilden zwischen gottesdienstlicher Praxis und lebensgeschichtlicher Religiosität.

Das Kreuz als Signum eines kirchlichen Raumes gibt den Kreuzen am Straßenrand oder auf Kondolenzkarten ihre Tiefenschärfe und Sinnbedeutung. Die Osterkerze des Gottesdienstes hat in den Tauf-, Advents-, Geburtstags- oder Gedenkkerzen ihren Widerschein und stellt sie in ein besonderes Licht. Analoges gilt für die Erfahrungen und Deutungen, die aus den anderen Formen der Frömmigkeit erwachsen. Auch sie sind durch Symboliken und Interpretamente grundiert, die in den meisten Fällen aus der kirchlichen Theologie und Praxis herrühren bzw. mit ihr korrespondieren: Im Zuge des Pilgerns der eigenen Lebensgeschichte als ‚Weg' gewahr zu werden; aufbrechendes Grün als ‚Übergang vom Tod ins Leben' wahrzunehmen; einen Klang als ‚Stimme' zu hören oder sich im gemeinschaftlichen Gesang als ‚Gemeinde' zu erleben – all dies sind Resonanzen, die durch kirchliche Praxis und die christliche Überlieferung tradiert, vergegenwärtigt und mit hervorgerufen werden.

Insofern lässt sich das, was hier als spätmoderne Frömmigkeit am Ort der Subjekte beschrieben worden ist, als *Resonanzraum kirchlicher Praxis* begreifen. Sie ist nicht die Echokammer, denn in der individuell gelebten Religiosität hallt kirchliche Theologie und Verkündigung nicht einfach nach. Ein Echo wäre ja lediglich der Widerhall des ursprünglichen Tones oder Wortes. Von Resonanz – im Sinne von Hartmut Rosa – hingegen ist dann zu sprechen, wenn ein Anderes in eine „Eigenschwingung"[299] versetzt wird. Dies gilt für das Verhältnis von Kirche und Frömmigkeit: Predigt und Gottesdienst, der gestaltete Kirchenraum und das Kirchenlied erzeugen oder vermitteln nicht den religiösen Sinn, sondern gestalten einen Raum, innerhalb dessen die Subjekte in den Praktiken ihrer Frömmigkeit eigentätig und sinnschöpfend agieren. Religiöse Erfahrungen lassen sich nicht andemonstrieren oder herstellen, sie können und sollen jedoch kirchlich angeregt und plausibilisiert werden. Wo dies geschieht, ist ein volkskirchliches Christentum bei seiner Sache.

2. Kirchliches Handeln als Frömmigkeitspflege

Nimmt Kirche spätmoderne Frömmigkeit als religiösen Resonanzraum wahr, wird ihr Umgang mit der gelebten Religion der Subjekte nicht instrumenteller, sondern kommunikativer Art sein. Es geht nicht darum – wie es früher hieß – die Leute in der kirchlichen Verkündigung ‚abzuholen', sie befinden sich nicht im Wartestand. Und in ihrem Handeln ‚verfügt' die Kirche auch nicht über Religiosität. Kommunikation des Evangeliums geschieht nur dort, wo Menschen in ihren Erfahrungen angesprochen werden. Dies entspricht dem Selbstverständnis einer evangelischen Kirche, die nach dem Diktum Friedrich Schleiermachers eine „Gemeinschaft des Glaubens *zur selbständigen Ausübung des Christentums*"[300] darstellt. Es wird ihr deshalb darum gehen, auch der milden Religiosität von Zeitgenossinnen und Zeitgenossen Raum zu geben und ihr Gelegenheiten zu bieten – etwas ungelenker formuliert: Sie ist darauf aus, Ermöglichungsraum und Gelegenheitsstruktur moderater Frömmigkeit zu sein. Dies gelingt dort, wo sie die Eigenständigkeit der religiösen Subjekte zu akzeptieren und den Eigensinn der spätmodernen Frömmigkeit anzuerkennen vermag. Umgekehrt ist zu fragen, ob und inwiefern die Praktiken, die selbsttätig ausgeübt werden, die verfasste Kirche brauchen. Aus der Sicht der Praktizierenden ist eine kirchliche Legitimation ihrer eigenen Praxis und ihrer damit verbundenen Anschauungen entbehrlich, denn ihre religiöse Erfahrung autorisiert sich nicht institutionell, sondern in ihrem Erleben und durch den Sinn, der sich für die Agierenden erschließt. Gleichwohl besteht das Mandat der Kirche im Blick auf spätmoderne Frömmigkeit in einer doppelten Aufgabe: Zum einen braucht jeder ‚Spiritualismus' – und d. h., es brauchen auch und gerade die fluiden und individualisierten Gestalten spätmoderner Frömmigkeit – als Referenz und Widerlager eine feste Form institutionalisierter Religion, sodass die einzelnen Praktiken nicht kulturell verwehen und religiös verblassen.[301] Gerade die beiläufigen Formen moderater Frömmigkeit beruhen darauf, dass es verlässliche Orte, stimmige Kontexte und wiederkehrende Gelegenheiten auch im kirchlichen Zusammenhang gibt, die zu ihrer persönlichen Ausübung veranlassen. Zum anderen gilt es, im kirchlichen Handeln zeitgemäße Formen der Frömmigkeit bewusst und absichtsvoll zu kultivieren, um sie religiös anzuregen. In der kirchlichen Praxis – in Predigt und Gottesdienst, in Bildung und orientierender Begleitung, im gemeindlichen Leben und in diakonischen Aktivitäten – wird christlicher Glaube ausdrücklich. Ihn so zur Darstellung zu bringen, d. h., ihn so zu inszenieren und zu kommunizieren, dass er in der Praxis der Subjekte erkennbar wird und selbst zum Ausdruck gebracht wird, ist das Anliegen einer ‚*religionsfähigen' Kirche*.

Die Art und Weise, wie hier die Praktiken und Phänomene spätmoderner Frömmigkeit in den Blick genommen und erschlossen wurden, lässt vermutlich erkennen, dass diese mit Sympathie betrachtet werden. Das Credo lautet: ‚Das hat was', wie Menschen heute mild religiös leben; moderate Frömmigkeit ist weder trivial noch belanglos. Damit haben die Erörterungen zweifellos einen affirmativen Grundzug; sie heißen gut, wie Menschen heute ihre Religiosität leben. Allerdings erübrigt sich damit nicht die *theologische Reflexion spätmoderner Frömmigkeit*. Vorausgesetzt ist, dass die subjektiv gestalteten Praktiken in ihrer religiösen Dimension auf ein christliches Wirklichkeitsverständnis und eine christliche Daseinsorientierung hin „ansprechbar" sind.[302] In theologischer Verantwortung gilt es, die Sinngehalte christlicher Überlieferung hermeneutisch auf die religiösen Erfahrungen zu beziehen, sodass sie als deren Deutungen relevant werden können. Was bedeutet es und kommt zur Geltung, wenn beispielsweise das Naturerleben schöpfungstheologisch verstanden wird, wenn Erfahrungen des leiblichen Daseins rechtfertigungstheologisch gegengelesen oder gemeinschaftliche Musikerlebnisse in den Zusammenhang des Geistwirkens gerückt werden? Welche Erfahrungen mit den eigenen (Frömmigkeits-)Erfahrungen eröffnen sich im Horizont des christlichen Glaubens? Praktiken und Phänomene der Frömmigkeit sind nicht nur religiös mehrdeutig, sie sind auch nicht durchweg lebensdienlich. Zur theologischen Reflexion gehören deshalb auch kritische *Grenzziehungen*: Wo werden Praktiken der Frömmigkeit solipsistisch und egomanisch, verlieren ihren Bezug auf andere und auf ein Gegenüber? Wo geraten Selbstformungspraktiken unter das Diktat der Selbstoptimierung? Wo werden Menschen unfrei im Umgang mit religiösen Symbolen? Frömmigkeitspraktiken, in denen Selbst und Welt nicht mehr transzendiert werden, sondern Leben beherrschbar gemacht wird, bewegen sich an einer religiösen Demarkationslinie, jenseits derer Religiosität destruktiv wird. „Alles ist mir erlaubt, es frommt aber nicht alles." (1. Korinther 6,12, Luther 1912)

Eine Kirche, die sich weitherzig auf das einlässt, was sie als spätmoderne Frömmigkeit vorfindet, ist eine entlastete Kirche. Sie muss nicht den Anspruch haben, in ihren Reformaktivitäten allererst herzustellen, worüber sie nicht verfügen und was sie nicht kontrollieren kann: die Religiosität der Menschen, die zu ihr gehören und sich zu ihr halten. Zugleich wird sie jedoch auch (weiterhin) beansprucht. In dieser Perspektive dient sie und verpflichtet sich der *Frömmigkeitspflege*.[303] Die Metapher der ‚Pflege' enthält zwei Konnotationen: Zum einen gehört sie in den Bereich gärtnerischer oder forstlicher Aktivitäten und bezeichnet den sorgsamen Umgang mit Gewächsen, die aus eigener Kraft sprießen, gedeihen und vergehen. Pflege beginnt, wo bereits etwas da ist, was es zu hegen gilt. Ob und wie Pflanzen gedeihen hängt auch von äußeren Umständen ab, auf die der Gärtner keinen direkten Einfluss hat. Und doch sorgt er für günstige Bedingungen, sodass sich entfalten kann, was angelegt ist. Dies betrifft Nutz- wie Zierpflanzen gleichermaßen; auch an der Blühwiese im Wald wird die Försterin ihre Freude haben. Zum anderen bezeichnet Pflege ein Fürsorgehandeln als zwischenmenschliche Unterstützung. Es wird sorgsam und diskret ausgeübt und bemisst sich nicht an eigenen Zwecken, sondern an dem, was gebraucht wird. Gute Pflege achtet die Bedürfnisse, auch den Eigensinn des Anderen, sie begegnet ihm als

Person. Man kann gegen die Metapher der Pflege, gerade im kirchlichen Bereich, mit Recht einwenden, dass in ihr ein paternalistischer Unterton mitschwingt. Aber sie akzentuiert doch einen wichtigen Aspekt. Denn im Gegenzug zur kirchlich geläufigen handwerklichen Metapher des ‚Bauens' – Gemeindeaufbau, kirchlicher Rück- und Umbau etc. – ist das Pflegen eine Tätigkeit, die, zumindest in ihrem unveräußerlichen Kern, nicht instrumenteller Natur ist. Und sie weiß um das, wodurch sie begrenzt ist: Sie kann Lebendiges nicht selbst schaffen, wohl aber in Obhut nehmen und befördern.

Zwei Schlussbemerkungen: Erstens umreißt die Aufgabe, spätmoderne Frömmigkeit zu pflegen, keineswegs das Ganze des kirchlichen Auftrages in der Gegenwart, es ist *eine* Aufgabe. Kirche wird zusehen, dass sie auch in anderer Weise öffentlich relevant bleibt. Indem sie ein Schiff ins Mittelmeer schickt, um Flüchtende vor dem Ertrinken zu retten; indem sie darin mitwirkt, die Vielfalt heutiger Lebensformen zu ihrem Recht kommen zu lassen; indem sie ins konstruktive Gespräch tritt mit der Gegenwartskunst und vieles mehr. Und doch wird all dies nur dann öffentlich von Bedeutung bleiben, wenn Zeitgenossinnen und Zeitgenossen auch für sie selbst relevante persönliche Ausdrucksformen von christlicher Religiosität auszubilden vermögen. Das Leitmotiv der Frömmigkeitspflege ist zweitens kein kirchentheoretisches Programm für die künftige Gestalt von Kirche. Es formuliert allerdings eine Maßgabe, die als *Prüffrage* in die gegenwärtigen und anstehenden Kirchenreformprozesse mit eingehen sollte: Was ist zu tun und wie gelingt es, Kirche so zu gestalten, dass auch künftig milde Religiosität und moderate Frömmigkeit als Lebensformen eines zeitgenössischen Christentums im kirchlichen Kontext zur Geltung und zu ihrem Ausdruck kommen können? Wo dies geschieht, mag die evangelische Kirche – um ein Wort von Heinz Zahrnt zu variieren – organisatorisch kleiner werden, ohne religiös kleinlicher zu werden. Dies wäre nicht wenig.

Anmerkungen

1 Vgl. Clifford Geertz, Dichte Beschreibung. Bemerkungen zu einer deutenden Theorie von Kultur. In: Ders., Dichte Beschreibung. Beiträge zum verstehen kultureller Systeme. Frankfurt/M. 1987 u. ö. (engl.: New York 1973).
2 Vgl. Christian Grethlein, Christsein als Lebensform. Eine Studie zur Grundlegung der Praktischen Theologie. Leipzig 2018.
3 Vgl. Joachim Matthes, Unbestimmtheit: Ein konstitutives Merkmal der Volkskirche? Anmerkungen zu einem Thema der Diskussion um die EKD-Mitgliedschaftsstudien 1972 und 1982. In: Ders. (Hg.), Kirchenmitgliedschaft im Wandel. Untersuchungen zur Realität der Volkskirche, Beiträge zur zweiten EKD-Umfrage „Was wird aus der Kirche?". Gütersloh 1990, 149–162.
4 Vgl. zur „Zentralität" der Religiosität Stefan Huber, Aufbau und strukturierende Prinzipien des Religionsmonitors. In: Religionsmonitor 2008, hg. von der BertelsmannStiftung. Gütersloh 2007, 19–29 (25f.).
5 Vgl. zum Folgenden Friedrich Schweitzer, Lebensgeschichte als Thema von Religionspädagogik und Praktischer Theologie. PTh 83 (1994), 402–414.
6 Vgl. auch Henning Luther, Theologie und Biographie. In: Ders., Religion und Alltag. Bausteine zu einer Praktischen Theologie des Subjekts. Stuttgart 1992, 37–44.
7 Martin Kumlehn, Kirche im Zeitalter der Pluralisierung von Religion. Ein Beitrag zur praktisch-theologischen Kirchentheorie. Gütersloh 2000, 219ff.
8 Vgl. zum Begriff der „Erkundung" Kristian Fechtner, Praktische Theologie als Erkundung. In: Ders., Späte Zeit der Volkskirche. Praktisch-theologische Erkundungen. Stuttgart 2010, 155–168.
9 Ursula Roth, Kasuslehre. Epistemologische Notizen zum Programm einer ‚kasuellen' Praktischen Theologie. In: Sonja Beckmayer / Christian Mulia (Hg.), Volkskirche in postsäkularer Zeit. Erkundungsgänge und theologische Perspektiven. Stuttgart 2021, 163–177 (173).
10 Evangelische Spiritualität. Überlegungen und Anstöße zu einer Neuorientierung. Hg. von der Kirchenkanzlei im Auftrag des Rates der evangelischen Kirche in Deutschland. Gütersloh 1979.
11 Vgl. Michael Rutschky, Erfahrungshunger. Ein Essay über die siebziger Jahre. Köln 1980. (Zitate Klappentext).

[12] Vgl. a. a. O., 193ff.
[13] Evangelische Spiritualität (Anm. 10), 50.
[14] Ebda.
[15] A. a. O., 7.
[16] A. a. O., 12.
[17] A. a. O., 13.
[18] Ebda.
[19] Handbuch Praktische Theologie. Hg. von Wilhelm Gräb / Birgit Weyel. Gütersloh 2007.
[20] Vgl. Klaus Raschzok, Evangelische Aszetik. Zur Wiederentdeckung einer Disziplin der akademischen Praktischen Theologie und ihrer Forschungs- und Lehrgestalt. In: Ralph Kunz / Claudia Kohli Reichenbach (Hg.), Spiritualität im Diskurs. Spiritualitätsforschung in theologischer Perspektive. Zürich 2012, 13–36. Der Begriff ist angelehnt an den griechischen Begriff Askese: „Übung".
[21] A. a. O., 20.
[22] Noch immer einschlägig der pastoraltheologische Ansatz von Manfred Josuttis, Die Einführung in das Leben. Pastoraltheologie zwischen Phänomenologie und Spiritualität. Gütersloh 1996. Vgl. aktuell auch Cornelia Weber / Jochen Cornelius-Bundschuh, „Die Juwelen des Pfarrberufs". Ein pastoraltheologischer Blick auf den Pfarrbildprozess in der Badischen Landeskirche. DPfBl 120 (2020), 546–550; hier fungiert „geistliche Existenz" (547) als erstes Moment, das am Pfarramt besonders wertvoll erscheint.
[23] Vgl. bspw. Corinna Dahlgrün, Christliche Spiritualität. Formen und Traditionen der Suche nach Gott. Berlin/New York 2009.
[24] Vgl. Raschzok, Evangelische Aszetik (Anm. 20), 30.
[25] So Michael N. Ebertz, „Spiritualität" im Christentum und darüber hinaus. Soziologische Vermutungen zur Hochkonjunktur eines Begriffs. ZfR 13 (2005), 193–208 (194), im Anschluss an Pierre Bourdieu.
[26] Vgl. Hubert Knoblauch, Populäre Religion. Auf dem Weg in eine spirituelle Gesellschaft. Frankfurt/M. 2009.
[27] Winfried Gebhardt / Martin Engelbrecht / Christoph Bochinger, Die Selbstermächtigung des religiösen Subjekts. Der „spirituelle Wanderer" als Idealtypus spätmoderner Religiosität. ZfR 13 (2005), 133–151.
[28] Vgl. Raschzok, Evangelische Aszetik (Anm. 20), 30.
[29] Paul Drews, Das Problem der praktischen Theologie. Zugleich ein Beitrag zur Reform des theologischen Studiums. Tübingen 1910, 60f. Vgl. zu Drews Programm, zu dem auch eine „religiöse Psychologie" und eine

Anmerkungen

„Evangelische Kirchenkunde" gehört, Cornelia Queisser, Paul Drews. Programm einer empirischen Theologie. Leipzig 2015.

30 Vgl. zum Folgenden Kristian Fechtner, Art. Volksfrömmigkeit. In: TRT Bd. 5, hg. von Friedrich Wilhelm Horn / Friedrike Nüssel. Göttingen ⁵2008, 1239–1241.

31 Vgl. Michael N. Ebertz / Franz Schultheis, Einleitung: Populare Religiosität. In: Dies. (Hg.), Volksfrömmigkeit in Europa. Beiträge zur Soziologie popularer Religiosität aus 14 Ländern. München 1986, 11–52.

32 Vgl. A. a. O., 19ff.

33 Peter Zimmerling (Hg.), Handbuch Evangelische Spiritualität. 3 Bde. Göttingen 2017ff.

34 Peter Zimmerling, Das Handbuch Evangelische Spiritualität. Idee und Vorgeschichte. In: Ders. (Hg.), Handbuch Evangelische Spiritualität. Bd. 3: Praxis. Göttingen 2020, 15–21 (18).

35 Vgl. etwa Volker Drehsen, Protestantische Frömmigkeit im neuzeitlichen Strukturwandel der Öffentlichkeit. Einige soziologische Erwägungen zur Problemgeschichte wissenschaftlicher Frömmigkeitsforschung (1983). Jetzt in: Ders., Der Sozialwert der Religion. Aufsätze zur Religionssoziologie. Hg. von Christian Albrecht / Hans Martin Dober / Birgit Weyel. Berlin/New York 2009, 255–281; Wolfgang Steck, Frömmigkeit – die integrale Gestalt individueller Christentumspraxis. In: Ders., Praktische Theologie. Bd. 1. Horizonte der Religion – Konturen des neuzeitlichen Christentums – Strukturen der religiösen Lebenswelt. Stuttgart u. a. 2000, 227–240; Bernd Schröder, Fides quaerens expressionem. Frömmigkeit als Thema der Praktischen Theologie. IJPT 6 (2002), 167–197; Martina Kumlehn, Art. Frömmigkeit/Spiritualität. In: Kristian Fechtner / Jan Hermelink / Martina Kumlehn / Ulrike Wagner-Rau, Praktische Theologie. Ein Lehrbuch. Stuttgart 2017, 261–283.

36 Kumlehn, Art. Frömmigkeit/Spiritualität (Anm. 35), 261.

37 A. a. O., 277.

38 Vgl. zum Folgenden Drehsen, Protestantische Frömmigkeit (Anm. 35), 266ff.

39 So das klassische Diktum von Ernst Troeltsch, Religiöser Individualismus und Kirche. PrM 15 (1911), 250–270 (267).

40 Dies schließt nicht aus, dass analog – im Referenzraum der jeweiligen Religion – auch von jüdischer, islamischer oder buddhistischer „Frömmigkeit" gesprochen werden kann.

41 Den Ausdruck nehme ich auf von Bernd Schröder, Fides quaerens expressionem. Frömmigkeit als Thema der Praktischen Theologie. IJPT 6 (2002), 167–197 (173).

[42] Entschieden konstatiert Michael Meyer-Blanck in seinem Lehrbuch: „Beten ist nicht nur die zentrale Äußerung des individuellen und kirchlichen Christentums, sondern auch die performative Hauptgestalt alles Religiösen." Ders., Das Gebet. Tübingen 2019, 4.

[43] Andreas Kusch, Das evangelische Gebet. Sehnsucht, Vielfalt und Zugänge. In: Handbuch Evangelische Spiritualität Bd. 3 (Anm. 34), 436–453 (436).

[44] Luise Hensel, Nachtgebet (1816).

[45] Mittlerweile haben sich allerdings die traditionalistischen Abendgebete nicht selten in mehr oder minder frei arrangierte Abendrituale transformiert; vgl. Christoph Morgenthaler, Abendrituale. Tradition und Innovation in jungen Familien. Stuttgart 2011.

[46] Meyer-Blanck, Das Gebet (Anm. 42), 232.

[47] So stellvertretend für andere Stimmen Kusch, Das evangelische Gebet (Anm. 43), 437.

[48] In einer im Auftrag von chrismon durchgeführten repräsentativen Studie gaben 14 % der Befragten in Deutschland an, dass sie vor dem Essen beten. Kantar (Emnid) September 2021 [Abfrage am 21.2.2022: https://www.pro-medienmagazin.de/bei-welchen-gelegenheiten-beten-sie/].

[49] So geben in der KMU ca. 17 % der Evangelischen an, dass sie „täglich" beten. Vernetzte Vielfalt. Kirche angesichts von Individualisierung und Säkularisierung. Die fünfte EKD-Erhebung über Kirchenmitgliedschaft. Hg. von Heinrich Bedford-Strohm / Volker Jung. Gütersloh 2015, 496.

[50] So Traugott Roser. Erziehung zum Gebet? Das Gebet als Thema einer pluralitätsfähigen Religionspädagogik. PTh 96 (2007), 221–240 (229), in Aufnahme von Joachim Kunstmann.

[51] Vernetzte Vielfalt (Anm. 49), 496.

[52] Dann bejahen die Frage, ob sie beten, sogar 71 %. Kirche in der Vielfalt der Lebensbezüge. Die vierte EKD-Erhebung über Kirchenmitgliedschaft. Hg. von Wolfgang Huber / Johannes Friedrich / Peter Steinacker. Gütersloh 2006, 462.

[53] Nach der Kantar-Befragung 2021 (Anm. 44) geben 39 % an, „nie" zu beten; bei den befragten Männern sind es 47 %; bei über 60jährigen liegt der Wert bei deutlich über zwei Drittel, während bei den unter 40jährigen sich Betende und Nichtbetende ungefähr die Waage halten.

[54] Vgl. Gereon Heuft, Not lehrt (nicht) beten. Repräsentative Studie zu religiösen Einstellungen in der Allgemeinbevölkerung und von Patienten der psychosomatisch-psychotherapeutischen Ambulanz eines Universitätsklinikums. Münster 2016.

Anmerkungen

[55] Helmut Anselm, Beten in der Schule. In: Arbeitshilfe für den evangelischen Religionsunterricht an Gymnasien (AH) I/2003, 26. Zitiert nach Roser, Erziehung (Anm. 46), 223.

[56] Vgl. dazu Jochen Schmidt, Klage. Überlegungen zur Linderung reflexiven Leidens. Tübingen 2011, 140ff.

[57] Als verkappte Klage gelesen ähnelt das „Es-muss-ja" dem Stöhnen oder Seufzen, das neutestamentlich eine Gestalt der Klage darstellt. Vgl. Markus Öhler, Trauern, weinen, klagen und stöhnen. Zur Heterogenität neutestamentlicher Klageaussagen. In: Eva Harasta (Hg.), Mit Gott klagen. Eine theologische Diskussion. Neukirchen-Vluyn 2008, 157–173.

[58] So entfaltet bspw. Michael Meyer-Blanck, Das Gebet (Anm. 42), 264ff. anhand der Psalmen diese vier Facetten des Betens und deren Dynamik. Methodisch geht er damit den gegenläufigen Weg, wenn er die „implizite Anthropologie" (260) der biblischen Gebetstradition herausarbeitet.

[59] Georg Simmel, Exkurs über Treue und Dankbarkeit. In: Ders., Soziologie. Untersuchungen über die Formen der Vergesellschaftung (1908). Frankfurt/M. 1992, 652–670 (661).

[60] Vgl. zum Folgenden Dietrich Korsch, Leben und Bitten. In: Ders., Dogmatik im Grundriß. Eine Einführung in die christliche Deutung des Lebens vor Gott. Tübingen 2000, 197–205.

[61] Vgl. zur Konzeption des „doing family" und zum Beitrag ritueller religiöser Praxis zur symbolischen Darstellung und Erzeugung von Familie: Kasualien als Familienfeste. Familienkonstitution durch Ritualpraxis. Hg. von Katharina Krause / Manuel Stetter / Birgit Weyel. Stuttgart 2022. Der Begriff stammt aus der jüngeren Familiensoziologie, vgl. Doing Family. Warum Familienleben heute nicht mehr selbstverständlich ist. Hg. von Karin Jurczyk / Andreas Lange / Barbara Thiessen. Weinheim 2014.

[62] Analog zu Morgenthaler, Abendrituale (Anm. 45), der erläutert, dass Abendrituale mit Kindern insofern eine „körperliche Komponente" haben, weil sie einen „Übergang vom Wach- zum Schlafzustand" (149f.) gestalten.

[63] Vgl. zum Hintergrund dieser Unterscheidung Dietrich Rössler, Die Religion der Neuzeit. In: Ders., Grundriß der Praktischen Theologie. Berlin/New York 1986 u. ö., 78–92.

[64] Vgl. Kristian Fechtner, Diskretes Christentum. Religion und Scham. Gütersloh 2015, 108ff.

[65] Roland Kipke, Besser werden. Eine ethische Untersuchung zu Selbstformung und Neuro-Enhancement. Paderborn 2011.

[66] A. a. O., 50.

[67] A. a. O., 52.

[68] Ders., Die Bedeutung der Selbstformung für die Ethik. In: Ruth Conrad / Ders., Selbstformung. Beiträge zur Aufklärung einer menschlichen Praxis. Münster 2015, 289–304 (290).
[69] Kipke, Besser werden (Anm. 65), 60ff.
[70] A. a. O., 57.
[71] A. a. O., 64.
[72] A. a. O., 66.
[73] A. a. O., 91.
[74] Vgl. Diana Lindner, Das hat niemand gesucht und gewollt – Optimierung im Gewand der Selbstverwirklichung. In: Selbstformung (Anm. 68), 83–96.
[75] Hans Joas, Braucht der Mensch Religion? Über Erfahrungen der Selbsttranszendenz. Freiburg 2004, 17. Julia Koll hat Joas' Religionstheorie, ausgehend von dessen Begriff der Selbsttranszendenz, für die praktisch-theologische Diskussion erschlossen. Vgl. Dies., Kirchenmusik als sozioreligiöse Praxis. Studien zu Religion, Musik und Gruppe am Beispiel des Posaunenchors. Leipzig 2016, 154ff.
[76] Hartmut Rosa, Resonanz. Eine Soziologie der Weltbeziehung. Frankfurt/M. ^{2}2016.
[77] A. a. O., 285. Im Hintergrund steht die Vorstellung, dass subjektive Resonanzwirkungen – ähnlich wie bei zwei Stimmgabeln, die aufeinander reagieren – nicht bloße Außenwirkungen, eine Spiegelung oder das Echo des anderen sind, sondern das Eigene einer Person anregen.
[78] A. a. O., 288.
[79] Hartmut Rosa, Best Account. Skizze einer systematischen Theorie der modernen Gesellschaft. In: Andreas Reckwitz / Ders., Spätmoderne in der Krise. Was leistet die Gesellschaftstheorie? Berlin ^{2}2021, 151–251 (246).
[80] Hartmut Rosa, Unverfügbarkeit. Frankfurt/M. ^{2}2022, 39. Rosa variiert und konkretisiert hier Bestimmungen, die er zuvor (Resonanz, Anm. 76, 298) noch etwas anders systematisiert hat.
[81] Ebda.
[82] A. a. O., 41.
[83] A. a. O., 44.
[84] Vgl. Rosa, Resonanz (Anm. 76), 331ff.
[85] A. a. O., 331.
[86] A. a. O., 435.
[87] A. a. O., 441.
[88] Martin Laube. „Eine bessere Welt ist möglich". Theologische Überlegungen zur Resonanztheorie Hartmut Rosas. PrTh 107 (2018), 356–370 (358),

Anmerkungen

liest Rosas Resonanztheorie in soziologischer Hinsicht als „Runderneuerung der Kritischen Theorie aus dem Geist der Romantik" und zeigt, wie Rosa darin „protestantische Grundmotive in einem soziologischen Gewand darbietet".

[89] Hartmut Rosa, „Spirituelle Abhängigkeitserklärung". Die Idee des Mediopassivs als Ausgangspunkt einer radikalen Transformation. In: Klaus Dörre u.a (Hg.), Große Transformation? Zur Zukunft moderner Gesellschaften. Wiesbaden 2019, 35–55 (47).

[90] So Hartmut Rosa in einem Interview in der taz am 14.4.2012 („In der Tiefe berühren").

[91] Ich nehme die beiden letzten Kritikpunkte auf von Martin Laube, „Eine bessere Welt ist möglich" (Anm. 88), 369.

[92] Robert Schmidt, Soziologie der Praktiken. Konzeptionelle Studien und empirische Analysen. Berlin 2012, 10.

[93] Andreas Reckwitz, Auf dem Weg zu einer Theorie sozialer Praktiken. In: Ders., Kreativität und soziale Praxis. Studien zur Sozial- und Gesellschaftstheorie. Bielefeld 2016, 23–135 (34).

[94] Vgl. Kristian Fechtner, Wie Gemeinde im Gottesdienst entsteht. Liturgiewissenschaftliche Erwägungen. In: Peter Bubmann u. a. (Hg.), Gemeinde auf Zeit. Gelebte Kirchlichkeit wahrnehmen. Stuttgart 2019, 84–94 (bes. 90ff.).

[95] Koll, Kirchenmusik (Anm. 75). Vgl. auch dies., Zu den Praktiken selbst! Der Practice Turn und seine Erträge für die Praktische Theologie. PTh 108 (2019), 66–82).

[96] Reckwitz, Auf dem Weg (Anm. 93), 107.

[97] A. a. O., 100.

[98] Koll, Kirchenmusik (Anm. 75), 360.

[99] Nebenbei und zur Erläuterung des Gemeinten: In der gottesdienstlichen Praxis begegnet heute häufiger als Einleitung zum gemeinsamen Vaterunser: „Wir wollen beten". Dies ist nicht nur eine tendenziell übergriffige Unterstellung (woher will der Liturg wissen, was der Gottesdienstbesucherin just durch den Kopf geht oder ihr das Herz bewegt?), sondern trifft auch nicht die potentielle Wirkungsweise des gemeinschaftlichen Gebets als ‚religiöse Praktik': Indem ich mitbete, geschieht etwas mit meinem Denken, Fühlen und womöglich auch Wollen, ich lasse mich ausrichten. Die Aufforderung zum Gebet richtet sich liturgisch deshalb nicht auf das Wollen, sondern das Tun: „Lasst uns beten".

[100] Vgl. Koll, Kirchenmusik (Anm. 75), 179.

[101] Die Überlegungen in den folgenden Abschnitten finden sich bereits in Kristian Fechtner, Engel im Rucksack und Kreuze am Straßenrand. Die

Materialität religiöser Praxis in der Spätmoderne. In: Ursula Roth / Anne Gilly (Hg), Die religiöse Positionierung der Dinge. Zur Materialität und Performativität religiöser Praxis. Stuttgart 2021, 141–154.
[102] Hans Peter Hahn, Materielle Kultur. Eine Einführung, Berlin ²2014, 7.
[103] Frank Hillebrandt, Die Soziologie der Praxis und die Religion – ein Theorievorschlag. In: Anna Daniel u. a. (Hg.), Doing Modernity – Doing Religion, Wiesbaden 2012, 25–57 (50).
[104] Vgl. Sonja Beckmayer, Artefakte in der Praktischen Theologie. Artefaktorientierung als Potenzial der empirischen Religionsforschung. PrTh 53 (2018), 234–241.
[105] Hahn, Materielle Kultur (Anm. 102), 11.
[106] Vgl. zum Begriff Hilke Doering / Stefan Hirschauer, Die Biographie der Dinge. Eine Ethnographie musealer Repräsentation. In: Ders. / Klaus Amann (Hg.), Die Befremdung der eigenen Kultur. Zur ethnographischen Herausforderung soziologischer Empirie. Frankfurt/M. 1997, 267–297.
[107] Befragung des Allensbacher Institutes 2000; FORSA-Umfrage 2005; Umfrage im Auftrag der TV-Zeitschrift „auf einen Blick" 2012.
[108] In der vierten Kirchenmitgliedschaftsbefragung geben 44 % (West) bzw. 46 % (Ost) der befragten Evangelischen an: „Ich hatte schon das Gefühl, dass ein Schutzengel mir hilft", während nur 20 % (W) bzw. 30 % (O) der Aussage zustimmen, dass „Gott mich wie ein Vater durchs Leben führt". Kirche in der Vielfalt der Lebensbezüge (Anm. 52), 466.
[109] Vgl. Markwart Herzog (Hg.), Die Wiederkunft der Engel. Beiträge zur Kunst und Kultur der Moderne (Irseer Dialoge Bd. 2), Stuttgart u. a. 2000; Uwe Böhm / Gerd Buschmann, Religion in der Werbung und Werbung als Religion. Teil 3: Von Engeln und Teufeln in den Medien, Medienimpulse 3 (2002), 75–80; Frank Matthias Kammel, Angelus Modernus – der Engel in der Erlebnisgesellschaft. In: Klaus Peter Franzl (Hg.), Engel. Mittler zwischen Himmel und Erde, München 2010, 182–213.
[110] So die EKD-Plattform http://taufspruch.de/step1.php# (Abfrage 16.03.2022).
[111] Anselm Grün, Jeder Mensch hat einen Engel, Freiburg u. a. ²⁵2000.
[112] Vgl. Leonie von Oldenburg, Moderne Esoterik am Beispiel von Engel-Orakel-Karten. Verwendung und Verfremdung religiöser Vorstellungen und Sujets, Dissertation an der Universität Tübingen 2016 (ungedruckt).
[113] Dies gilt für den christlichen wie den islamischen Kontext.
[114] Ellen Stubbe, Die Wirklichkeit der Engel in Literatur, Kunst und Religion, Münster 1995, 237.
[115] Ulrich Mann, Art. Engel. VI. Dogmatisch, in TRE BD IX, Berlin/New York 1982, 609–612, (609).

Anmerkungen

[116] Wilfried Härle, Dogmatik, Berlin/New York 1995 u. ö., 296f.
[117] Michaela Geiger, Fliegende Helden und himmlische Kuscheltiere. Biblische Perspektiven auf moderne Engelvorstellungen. Vortrag Stadthagen 2013, URL: https://www.landeskirche-schaumburg-lippe.de/fileadmin/landeskirche/Bilder/Kirche_und_Leben/Fotoarchiv/2013/Tag_der_Frauen/Geiger_Fliegende_Helden.pdf (Abfrage 16.03.2022).
[118] Vgl. von Oldenburg, Moderne Esoterik (Anm. 112), 127ff.
[119] So die Auskunft von Frank Hofmann, der als Chefredakteur die inhaltliche Arbeit des Vereins verantwortet, in einem Gespräch am 3. Mai 2019, aus dem auch die folgenden Informationen stammen.
[120] Vgl. zur Ansicht die Homepage des Vereins „Andere Zeiten e. V.".
[121] Torsten Cress, Sakrotope. Studien zur materiellen Dimension religiöser Praktiken, Bielefeld 2019, 56.
[122] Zuletzt: „Ein Engel hat immer für dich Zeit". Von Handschmeichlern und Himmelsboten. Hg. von Andere Zeiten e. V. Hamburg 2021.
[123] Hubert Knoblauch, Populäre Religion. Auf dem Weg in eine spirituelle Gesellschaft, Frankfurt/M. 2009, 172.
[124] Stubbe, Engel (Anm. 114), 19.
[125] Vgl. Grün, Jeder Mensch (Anm. 111), 13f.
[126] Vgl. auch Volkhard Krech, Sind Schutzengel Versicherungsagenten? In: Michael N. Ebertz / Richard Faber (Hg.), Engel unter uns. Soziologische und theologische Miniaturen. Würzburg 2008, 21–26 (25).
[127] Friedrich Schleiermacher, Der christliche Glaube. Bd. 1 (1830), Berlin 1960, 211.
[128] Im Folgenden werden Überlegungen aufgegriffen, die bereits an anderer Stelle vorgetragen wurden. Vgl. Kristian Fechtner, Schwellenzeit. Erkundungen zur kulturellen und gottesdienstlichen Praxis des Jahreswechsels. Gütersloh 2001, 187–190; Ders., Art. Kerze. ⁴RGG Bd. IV, Tübingen 2001, Sp. 938–939; Sonja Beckmayer /Ders., Kerzenkult. Zum kirchlichen Gebrauch eines Allerweltdings. In: Tobias Kaspari (Hg.), Raumbildungen. Erkundungen zur christlichen Religionspraxis, Leipzig 2018, 113–121.
[129] Elton John hat sein ursprünglich Marilyn Monroe gewidmetes Lied 1997 auf Lady Di umgedichtet.
[130] Vgl. Kristian Fechtner / Thomas Klie (Hg.), Riskante Liturgien. Gottesdienste in der gesellschaftlichen Öffentlichkeit. Stuttgart 2011.
[131] Ulrike Wagner-Rau, Angedeuteter Glaube. Kerzen im Kirchenraum. In: Tobias Braune-Krickau u. a. (Hg.), Das Christentum hat ein Darstellungsproblem. Zur Krise religiöser Ausdrucksformen. Freiburg u. a. 2016, 207–215 (207).
[132] A. a. O., 211.

[133] A. a. O., 214.
[134] Abgesehen davon wird heute auch kritisch wahrgenommen, dass die Vielzahl der Kerzen in größerer Menge Kohlenmonoxid freisetzen.
[135] Rudolf Bultmann, Das Evangeliums nach Johannes. ND der 10. Aufl. Göttingen 1978, 22 (zit. nach Wagner-Rau, Angedeuteter Glaube (Anm. 131), 210).
[136] Ich variiere damit das Titelstichwort von Ulrike Wagner-Raus Beitrag (Anm. 131).
[137] Vgl. auch zum Folgenden Christine Aka, Unfallkreuze. Trauerorte am Straßenrand, Münster 2007, 11.
[138] Christine Aka, Kreuze, Kerzen, Kuscheltiere. Trauerrituale an Unfallorten. In: Alltag im Rheinland. Mitteilungen der Abteilungen Sprache und Volkskunde des LVR-Institutes für Landeskunde und Regionalgeschichte, Bonn 2010, 44–49 (49).
[139] A. a. O., 47.
[140] A. a. O., 45.
[141] Aka, Unfallkreuze (Anm. 137), 193.
[142] Kristian Fechtner / Thomas Klie, Erinnerungskasualien. Eine Grundlegung, in: Erinnerungskasualien, hg. im Auftrag der Liturgischen Konferenz von Kristian Fechtner / Thomas Klie, Gütersloh 2019, 9–21 (14).
[143] Aka, Unfallkreuze (Anm. 137), 194.
[144] A. a. O., 140.
[145] Vgl. z. B. Roland Kachler, Hypnosystemische Trauerbegleitung. Ein Leitfaden für die Praxis, Heidelberg ^{4}2017.
[146] Der Begriff wird hier ohne seine theoretische Tiefenschärfe verwendet; er ist ursprünglich eine Übersetzung von Michel Foucaults Konzeption der „Heterotopien". Vgl. zur praktisch-theologischen Ingebrauchnahme des Begriffs die instruktiven Überlegungen von Christian Bauer, Pastorale Andersorte? Eine theologische Sprachkritik. 2020 https://gefaengnisseelsorge.net/pastorale-andersorte (Abruf vom 29.03.2022).
[147] A. a. O., 6.
[148] Marc Augé, Nicht-Orte. (1992), München ^{2}2011, 59.83, spricht von „anthropologischen Orten", die Identität, Relation und Geschichte in sich tragen.
[149] In den folgenden Abschnitten werden Überlegungen aufgenommen, die bereits an anderer Stelle veröffentlicht wurden; insbesondere: Kristian Fechtner, Im Rhythmus des Kirchenjahres. Vom Sinn der Feste und Zeiten. Gütersloh 2007; zuletzt ders., Evangelische Spiritualität im Kirchenjahr. In: Handbuch Evangelische Spiritualität Bd. 3 (Anm. 34), 357–373.

Anmerkungen

[150] Vgl. Martin Kumlehn, Weihnachtsmärkte. Ewigkeitsglanz in grauer Zeit als Inszenierung der Sehnsucht. In: Thomas Klie (Hg.), Valentin, Halloween & Co. Zivilreligiöse Feste in der Gemeindepraxis. Leipzig 2006, 207–223.

[151] Joachim Scharfenberg, Einführung in die Pastoralpsychologie. Göttingen ²1994, 79ff., hat angeregt, die Dramaturgie des Kirchenjahres auf die Phasenfolge eines Lebenszyklus' abzubilden.

[152] Matthias Morgenroth, Weihnachts-Christentum. Moderner Religiosität auf der Spur. Gütersloh 2002.

[153] Vgl. Jan Hermelink, Weihnachtsgottesdienst. In: Christian Grethlein / Günter Ruddat (Hg.), Liturgisches Kompendium. Göttingen 2003, 282–304 (299ff).

[154] Ulrike Wagner-Rau, Das Weihnachten der Dinge. Die Bedeutung der Materialität in der religiösen Festpraxis. In: Die religiöse Positionierung (Anm. 101), 129–140 (139).

[155] Ebda.

[156] A. a. O., 133.

[157] Zur Geschichte und Deutung des Adventskranzes vgl. Hermann Bausinger, Der Adventskranz – ein uralter Brauch? In: Martin Blümcke (Hg.), Abschied von der Dorfidylle? Stuttgart 1982, 46–53.

[158] Vgl. Esther Gajek, Türchen auf! Zur Geschichte des Adventskalenders. In: Alois Döring u. a. (Hg.), Dem Licht entgegen. Winterbräuche zwischen Erntedank und Maria Lichtmess. Köln 2010, 179–193 (179).

[159] Ich leihe mir den Topos von Jörg Lauster, Die Verzauberung der Welt. Eine Kulturgeschichte des Christentums. 2014.

[160] Bodo Kirchhoff, Die Weihnachtsfrau. Frankfurt/M. 2002, 5.

[161] Joachim von Soosten, Riskante Rituale. Weihnachtskult und Kindheitsroman. PTh 88 (1999), 474–490.

[162] Vgl. zum Folgenden Annika Happe, Auf der Suche nach dem ‚Anderen Advent'?! Gelebte Religiosität im Weihnachtskreis. Leipzig 2015.

[163] So die Zielsetzung des Vereins, zitiert nach A. a. O., 177.

[164] A. a. O., 343.

[165] Ebda.

[166] A. a. O., 358.

[167] A. a. O., 346.

[168] Wagner-Rau, Das Weihnachten der Dinge (Anm. 154), 137.

[169] Die Seele vom Eis befreien – oder wie wir aus Ostern mehr machen als ein Frühlingsfest. Ein Impuls von Prälat Traugott Schächtele. https://ekiba.de/detail/nachricht-seite/id/15085-die-seele-vom-eise-befreien-

oder-wie-wir-aus-ostern-mehr-machen-als-ein-fruehlingsfest/?cat_id=239; [Internet-Abruf am 12.05.2022].
170 Ebda.
171 Handbuch Evangelische Spiritualität. Bd. 3: Praxis. Hg. von Peter Zimmerling. Göttingen 2020.
172 Johann Wolfgang von Goethe, Faust. Der Tragödie erster Teil (1808). Berlin 1959, 36f.
173 Wolf Biermann, Ermutigung (1968). In: Marcel Reich-Ranicki (Hg.), Hundert Gedichte des Jahrhunderts. Frankfurt/M. 2000, 413f.
174 Vgl. zu diesem Terminus Martina Kumlehn, Lesarten des ‚Buches der Natur'. Naturdeutungen in kultur- und religionshermeneutischer Perspektive. In: Marburger Jahrbuch Theologie XXVII: Natur. Hg. von Elisabeth Gräb-Schmidt / Reiner Preul. Leipzig 2015, 71–89.
175 Rosa, Resonanz (Anm. 76), 455.
176 Vgl. a. a. O., 456.
177 Kumlehn, Lesarten (Anm. 174), 74.
178 Rosa, Resonanz (Anm. 76), 468.
179 A. a. O., 471.
180 Kumlehn, Lesarten (Anm. 174), 84.
181 A. a. O., 81.
182 Vgl. Jan Peter Grevel, Mit Gott im Grünen. Eine Praktische Theologie der Naturerfahrung. Göttingen 2015, 149.
183 Vgl. A. a. O., 151ff., 297; Kumlehn, Lesarten (Anm. 174), 82ff.; Rosa, Resonanz (Anm. 76), 459.
184 Rosa, Resonanz (Anm. 76), 471.469.
185 Grevel, Mit Gott (Anm. 182), 288.
186 Walter Benjamin, Das Kunstwerk im Zeitalter seiner technischen Reproduzierbarkeit (1935). In: GS Bd. 1.2. Abhandlungen. Frankfurt/M. 1980, 435–469 (440).
187 Christoph Hennig, Reiselust. Touristen, Tourismus und Urlaubskultur. Frankfurt/M. 1999, 79.
188 Fern der Heimat: Kirche. Urlaubs-Seelsorge im Wandel. Hg. vom Kirchenamt der EKD. Hannover 2006, 19, mit Verweis auf eine Studie von Reiner Rinne, nach der dies für 41 % der Tourist/inn/en gilt.
189 Vgl. Christian Antz, Spiritueller Tourismus. In: Axel Dreyer / Christian Antz (Hg.), Kulturtourismus. Berlin/Boston ³2020, 209–216.
190 Die Szene ist angeregt durch einen Vortrag des holländischen Ritualtheoretikers Paul Post.

Anmerkungen

[191] Vgl. Thomas Erne, Hybride Räume der Transzendenz. Wozu wir heute noch Kirchen brauchen. Studien zu einer postsäkularen Theorie des Kirchbaus. Leipzig 2017, 121f.

[192] Hilke Rebenstorf / Christopher Zarnow / Anna Körs / Christoph Sigrist (Hg.), Citykirchen und Tourismus. Soziologisch-theologische Studien zwischen Berlin und Zürich. Leipzig 2018, 90.

[193] Erne, Hybride Räume (Anm. 191), 13.

[194] Kirsten Wagner, Aura und Architektur bei Walter Benjamin, oder: Kann Architektur eine Aura zugesprochen werden? In: kritische berichte. Zeitschrift für Kunst- und Kulturwissenschaften 44/2 (2016), 7–21 (12).

[195] Thomas Erne, „It's the aesthecis, stupid". Kommentar aus religionsästhetischer Perspektive. In: Citykirchen und Tourismus (Anm. 192), 220–223 (221).

[196] Vgl. die Bestimmung von Kirchen als Hybridräumen Erne, Hybride Räume (Anm. 89), 18ff., in Anlehnung an Peter A. Berger / Klaus Hock / Thomas Klie (Hg.), Religionshybride. Religion in posttraditionalen Kontexten. Wiesbaden 2013.

[197] Eine empirische Studie zum Besuchsverhalten von Menschen im Berliner Dom und Zürcher Großmünster hat eine differenzierte Typologie sehr unterschiedlicher Muster entlang von historischen, ästhetischen, bildungsreligiösen und spirituellen Aspekten herausgearbeitet. Vgl. Citykirchen und Tourismus (Anm. 192), 175ff.

[198] Vgl. zur Verschränkung unterschiedlicher Motive Uta Pohl-Patalong, Citykirchen als Zugang zu Religion in der Spätmoderne – Kommentar aus praktisch-theologischer Perspektive. In: A. a. O., 215–219.

[199] Vgl. Zusammenfassung zentraler Ergebnisse, in: Citykirchen und Tourismus (Anm. 192), 203–2014 (2010).

[200] A. a. O., 89.

[201] Meike Knop, Urlaub im Kloster. Eine Analyse und touristische Einordnung der Übernachtungs- und Kursangebote deutscher Klöster. Köln 2015, 70.

[202] A. a. O., 274ff.

[203] Zitiert nach a. a. O., 80.

[204] Um exemplarisch Titel zu nennen: Julia Koll, Körper beten. Religiöse Praxis und Körpererleben. Stuttgart 2007; Silke Leonhard, Leiblich lernen und lehren. Ein religionsdidaktischer Diskurs. Stuttgart 2006; David Plüss, Körper und Kult. Gestisch-mimetische Kommunikation im ganz gewöhnlichen reformierten Gottesdienst. In: Christina aus der Au / Ders. (Hg.), Körper-Kulte. Wahrnehmungen von Leiblichkeit in Theologie, Religions- und Kulturwissenschaft. Zürich 2007, 158–178; Isolde Karle, Liebe

in der Moderne. Körperlichkeit, Sexualität und Ehe. Gütersloh 2014, 66–70.
[205] Vgl. Helmut Plessner, Die Stufen des Organischen und der Mensch. Einleitung in die philosophische Anthropologie. Leipzig/Berlin 1928.
[206] So etwa in den Arbeiten von Gabriel Marcel, Maurice Merleau-Ponty oder Hermann Schmitz. Vgl. dazu deren praktisch-theologische Rezeption bei Leonhard, Leiblich lernen (Anm. 204), 46ff.; Koll, Körper beten (Anm. 204), 50ff.
[207] Karle, Liebe (Anm. 204), 21.
[208] Vgl. a. a. O., 29, in Anlehnung an Karl-Heinrich Bette, Körperspuren. Zur Semantik und Paradoxie moderner Körperlichkeit. Berlin/New York 1989, 31. Es ist hier nicht der Ort, um die Dialektik von Körperverdrängung und Körperaufwertung in der Gegenwartskultur auszuloten, die auch die Kritik an der gesellschaftlichen Zurichtung der Körper und ihrer repressiven Körperbilder nachzugehen hätte.
[209] Hape Kerkeling, Ich bin dann mal weg. Meine Reise auf dem Jakobsweg. München 2006.
[210] So die Zahlen des dortigen Pilgerbüros; vgl. Patrick Heiser / Christian Kurrat, Pilgern zwischen individueller Praxis und kirchlicher Tradition. BThZ 32 (2015), 133–158 (136). Dem Beitrag beruht auf eigenen Forschungsstudien, insbesondere narrativen Interviews mit Pilgernden.
[211] Vgl. Tobias Braune-Krickau, Lebenswenden und Schicksalsschläge. Pilgerbilder im Film. In: Julia Koll / Amélie von Dohna (Hg.), Bilder vom Pilgern. Zwischen Kirche, Kultur und Kommerz. Loccumer Protokolle 64 (2018), 33–49.
[212] Ich beziehe mich hier wie in den folgenden Abschnitten insbesondere auf eine praktisch-theologische Studie von Detlef Lienau, Religion auf Reisen. Eine empirische Studie zur religiösen Erfahrung von Pilgern. Freiburg 2015; hier 116ff.
[213] Vgl. auch zum Folgenden Johann-Günther König, Zu Fuß. Eine Geschichte des Gehens. Stuttgart 2013.
[214] A. a. O., 156.
[215] Thomas Bernhard, Gehen. Frankfurt/M. 1971, 88.
[216] Kerkeling, Ich bin dann mal weg (Anm. 209), 118.
[217] Heiser / Kurrat (H.), Pilgern (Anm. 210), 138ff. haben aus ihren Interviews diese fünf Momente, die als „biographische Auslöser" fungieren, herausgearbeitet.
[218] A. a. O., 136.
[219] Ebda.
[220] Lienau, Religion auf Reisen (Anm. 212).

Anmerkungen 179

[221] A. a. O., 263f.
[222] A. a. O., 258.
[223] A. a. O., 276–278.
[224] A. a. O., 281.
[225] A. a. O., 295, 297.
[226] A. a. O., 294.
[227] A. a. O., 405 in Aufnahme einer Bestimmung religiöser Erfahrung von David Plüss.
[228] Vgl. zu diesen ‚Freiheitsaspekten' heutiger Pilgerpraxis Klaus Nagorni, „Kommt, Kinder, lasst uns gehen …". Pilgern als Ausdrucksmittel protestantischer Spiritualität. In: Handbuch Evangelische Spiritualität Bd. 3 (Anm. 34), 725–740 (733).
[229] Ebda.
[230] Vgl. die Berichte bei Traugott Roser, ¡Hola! Bei Kilometer 410. Mit allen Sinnen auf dem Jakobsweg. Göttingen 2021.
[231] In einer Studie aus dem Jahr 2020, einer online-Befragung mit knapp 2000 Rückläufen, geben 86 % an, auf Genussmittel, 39 % auf Nahrungsmittel (insbesondere Fleisch) und 14 % auf einzelne Medien zu verzichten. Patrick Heiser, Fasten: Zur Popularität einer (religiösen) Praktik. Zeitschrift für Religion, Gesellschaft und Politik 5 (2021), 53–78 (65).
[232] So eine FORSA-Umfrage aus dem Jahr 2019, zitiert nach a. a. O., 58.
[233] Vgl. Isabella Marcinski, Hunger spüren. Leib und Sozialität bei Essstörungen. Frankfurt/New York 2020.
[234] Heiser, Fasten (Anm. 231), 67.
[235] Julia Koll, „Ich tue mir nichts an, ich gönne mir etwas". Fastenzeit als spätmoderne geistliche Übung. PrTh 49 (2014), 18–21 (20.19).
[236] Ulrike Wagner-Rau, Fasten: Praxis zwischen Religion, Gesundheit und Körperkontrolle. In: Adelheid Germann-Pfandt (Hg.), Moderne Religionsgeschichte im Gespräch. FS für Christoph Elsas. Berlin 2010, 396–413 (402).
[237] Ebda.
[238] Zit. nach Koll, „Ich tue mir nichts an" (Anm. 235), 21.
[239] Vgl. Antonia Rumpf, Schmerzfreie Askese? Zeitgenössisches Fasten zwischen Selbstbezüglichkeit und Auseinandersetzung mit Leid. In: Katharina Greschat / Claudia Jahnel (Hg.), Dem Schmerz begegnen. Theologische Deutungen. Berlin/Bielefeld 2021, 265–275.
[240] So die Studie von Heiser, Fasten (Anm. 231), 64; wobei hier vermutlich berücksichtigt werden muss, dass die Befragung in einem bildungsaffinen Milieu stattfand.
[241] A. a. O., 70.

[242] A. a. O., 70ff.
[243] Vgl. Rumpf, Schmerzfreie Askese? (Anm. 239), 268.
[244] Heiser, Fasten (Anm. 231), 67.
[245] Vgl. Manfred Josuttis, Fasten. In: Ders., Religion als Handwerk. Zur Handlungslogik spiritueller Methoden. Gütersloh 2002, 85–102. Josuttis selbst interpretiert differenztheologisch die Fastenpraxis der Gegenwart dezidiert nicht als eine „religiöse Methode", sie habe ihren genuin „religiösen Charakter" verloren. Zugleich können auch seiner Einschätzung nach in ihr durchaus auch „religiöse Erfahrungen" gemacht werden. (93).
[246] A. a. O., 94ff.
[247] A. a. O., 97ff.
[248] A. a. O., 99ff.
[249] Vgl. Karl-Fritz Daiber, Alltagssynkretismus und dogmatische Tradition – Zur religiöse Kultur unserer Gesellschaft und einigen Defiziten protestantischen Glaubens. In: Ders., Religion und Kirche und Gesellschaft. Theologische und soziologische Studien zur Präsenz von Religion in der gegenwärtigen Kultur. Stuttgart u. a. 1997, 155–162 (bes. 162).
[250] Vgl. zum Folgenden die Darstellungen bei Claudia Jahnel, Zwischen spiritueller Versenkung und muskulärem Christsein. Yoga als Produkt interkultureller Aushandlungen. In: Yoga und christlicher Glaube. Zwischen körpersensiblen Entdeckungen und synkretistischer Vereinnahmung. EZW-Texte 270. Hg. von Andreas Hahn. Berlin 2020, 40–57.
[251] Wolfgang Schuhmacher, Christsein und Yoga – ein Erfahrungsweg, der verändert. In: Lars Allolio-Näcke / Peter Bubmann (Hg.), Spiritualität. Theologische und humanwissenschaftliche Perspektiven. Stuttgart 2022, 183–197 (192).
[252] Jahnel, Zwischen (Anm. 250), 45.
[253] Vgl. a. a. O., 45ff.
[254] Clemens Eisenmann, Spiritualität als soziale Praxis. Zur Konstruktion von Wirklichkeit im Yoga. Berlin/Boston 2022, 142.
[255] Kirche in der Vielfalt der Lebensbezüge (Anm. 52), 470f. Die Antworten beziehen sich summarisch auf Yoga, Reiki, Aikido als Elemente „Neuer Religiosität", wobei davon auszugehen ist, dass Yoga in diesem Zusammenhang die prominenteste und verbreitetste Praktik ist.
[256] A. a. O., 190.
[257] Vgl. Alan Schink, „Mein Körper ist mein Tempel" – Überlegungen zur Beziehung von Körper, Leib und Materialität im modernen Yoga. In: Ute Karstein / Thomas Schmidt-Lux (Hg.), Architekturen und Artefakte. Zur Materialität des Religiösen. Wiesbaden 2017, 289–303 (291f.).

Anmerkungen

258 A. a. O., 292.
259 Vgl. Eisenmann, Spiritualität (Anm. 254), 196ff.
260 Zitiert nach A. a. O., 204.
261 A. a. O., 221.
262 Schuhmacher, Christsein und Yoga (Anm. 251), 184.
263 A. a. O., 194f.
264 Vgl. Schink, „Mein Körper ..." (Anm. 257), 289.
265 Pia Wick im Gespräch: „Christliches Yoga" statt „Yoga für Christinnen und Christen". In: Yoga und christlicher Glaube (Anm. 250), 58 -66, (58).
266 A. a. O., 60.
267 Johann Hinrich Claussen, Ist Yoga eine Religion? In: chrismon 8/22.
268 Schuhmacher, Christsein und Yoga (Anm. 251), 190.
269 Eisenmann, Spiritualität (Anm. 254), 152.
270 A. a. O., 156.
271 Ich leihe mir den Ausdruck von Birgit Weyel, Netzwerkanalyse – ein empirisches Paradigma zur Konzeptionalisierung von religiöser Sozialität? Überlegungen zur wechselseitigen Erhellung von empirischen Methoden und praktisch-theologischen Konzepten. In: Dies. u. a. (Hg.), Praktische Theologie und empirische Religionsforschung. Leipzig 2013, 157–169 (164).
272 Im Original: „The Bucket List". Regie: Rob Reiner, Darsteller: Jack Nicholson, Morgan Freeman. USA 2007.
273 Peter Bubmann, Hören. In: Gotthard Fermor / Harald Schroeter-Wittke (Hg.), Kirchenmusik als religiöse Praxis. Praktisch-theologisches Handbuch der Kirchenmusik. Leipzig 2005, 9–14 (9).
274 Peter Sloterdijk, Zwischen Zivilreligion und Apokalypse. Über unfreiwillige Religiosität in der Spätneuzeit. epd-Dokumentation 18/1987, 49–60 (55).
275 Vgl. Hans-Günter Heimbrock, Klang. In: Kirchenmusik (Anm. 273), 37–42 (38).
276 Vgl. auch zum Folgenden ebda.
277 Ebda.
278 Manfred Josuttis, Singen. In: Ders., Der Weg in das Leben. Eine Einführung in den Gottesdienst auf verhaltenswissenschaftlicher Grundlage. München 1991, 173–204 (181).
279 Heimbrock, Klang (Anm. 273), 40.
280 Vgl. WA 30, II, 696. Zitiert nach Peter Bubmann, „... weil sie die Seelen fröhlich macht". Musik und Spiritualität. In: Handbuch der Evangelischen Spiritualität. Bd. 2: Theologie. Hg. von Peter Zimmerling. Göttingen 2018, 249–266 (249).

281 Vgl. https://de.statista.com/statistik/daten/studie/171601/umfrage/mehrmals-pro-monat-ausgeuebte-freizeitaktivitaeten/ [Abfrage 7.10.2022].
282 Harald Schroeter-Wittke, „Zur Recreation des Gemüths." Musik als Seelsorge. In: Ders., Musik als Theologie. Studien zur musikalischen Laientheologie in Geschichte und Gegenwart. Leipzig 2010, 241–254 (245).
283 Vgl. zum Begriff und seiner Bedeutung David Plüss, Gottesdienst als Inszenierung. Perspektiven einer performativen Ästhetik des Gottesdienstes. Zürich 2007, 111ff.
284 So die Angaben des „Deutschen Musikinformationszentrums".
285 Ich folge der Unterscheidung von Singen und Gesang, die Jochen Kaiser im Anschluss an Stella Antwerpen aufgreift; vgl. Jochen Kaiser, Singen in Gemeinschaft als ästhetische Kommunikation. Eine ethnographische Studie. Wiesbaden 2017, 51.
286 Vgl. Rosa, Resonanz (Anm. 76), 491.
287 Bernhard Leube, Singen. In: Kirchenmusik (Anm. 273), 14–19 (15).
288 Vgl. Rosa, Resonanz (Anm. 76), 111.
289 Wolfgang Ratzmann, Kirchenmusik als Gottesdienst. In: Kirchenmusik (Anm. 273), 137–142 (140).
290 Josuttis, Singen (Anm. 278), 204.
291 Leube, Singen (Anm. 273), 15.
292 Vgl. dazu bspw. die erhellende Arbeit von Julia Koll, Kirchenmusik (Anm. 75).
293 Vgl. Tobias Braune-Krickau, Religion und Anerkennung. Ein Versuch über Diakonie als Ort religiöser Erfahrung. Tübingen 2015.
294 Vgl. z. B. David Plüss / Sabine Scheuter (Hg.), Gott in der Klimakrise. Herausforderungen für Theologie und Kirche. Zürich 2021.
295 Vgl. die noch immer instruktive Studie, die sich auf empirische Befunde aus Untersuchungen in den 1980er Jahren bezieht von Karl-Fritz Daiber / Ingrid Lukatis, Bibelfrömmigkeit als Gestalt gelebter Religion. Bielefeld 1991. Auf sie gründen sich auch die folgenden Beobachtungen und Erwägungen.
296 A. a. O., 195.
297 Vgl. zur Bedeutung eines Bibelbuches als Gegenstand Sonja Beckmayer, Die Bibel als Buch. Eine artefaktorientierte Untersuchung zu Gebrauch und Bedeutung der Bibel als Gegenstand. Stuttgart 2018.
298 Sonja Beckmayer beschäftigt sich in ihrem Habilitationsprojekt mit der ‚Sentenzenfrömmigkeit' der Kasualsprüche.
299 Vgl. Rosa, Resonanz (Anm. 76), 282.

Anmerkungen

[300] Friedrich Schleiermacher, Die praktische Theologie nach den Grundsätzen der evangelischen Kirche im Zusammenhange dargestellt. Hg. von Jacob Frerichs. Berlin 1850, 62 (Hervorhebung K. F.).

[301] So im Anschluss an die klassische Theorie christlicher Vergemeinschaftung von Ernst Troeltsch. Vgl. Kristian Fechtner, Volkskirche im neuzeitlichen Christentum. Die Bedeutung von Ernst Troeltsch für eine künftige praktisch-theologische Theorie der Kirche. Gütersloh 1995.

[302] Ich folge Bernd Schröder, Fides (Anm. 41), 173.

[303] Das Leitmotiv der Frömmigkeits*pflege* lehnt sich an den Begriff der „Gemeindepflege" an, den Jakob Schoell vor gut hundert Jahren geprägt hat. Vgl. Ders., Evangelische Gemeindepflege. Handbuch für evangelisch-kirchliche Gemeindearbeit. Heilbronn 1911.